ПЕП ГВАРДИОЛА

88 атакующих комбинаций и шаблонов позиционных атак из тренировочных занятий Пепа

Published by

ПЕП ГВАРДИОЛА

88 атакующих комбинаций и шаблонов позиционных атак из тренировочных занятий Пепа

Впервые опубликовано в июле 2019 на SoccerTutor.com
Впервые опубликовано на русском языке в сентябре 2020

Info@soccertutor.com | www.SoccerTutor.com

UK: 0208 1234 007 | **US:** (305) 767 7443 | **ROTW:** +44 208 1234 007

ISBN: 978-1-910491-43-0

Copyright: SoccerTutor.com Limited © 2020. Все права защищены.

Все права защищены. Никакая часть этой публикации не может быть воспроизведена, сохранена в поисковой системе или передана в любой форме и любыми средствами, электронными, механическими, фотокопировальными, записывающими или иными, без предварительного письменного разрешения владельца авторских прав. Эта публикация также не может быть распространена в какой-либо форме переплета или обложки, кроме той, в которой она опубликована, и без подобного условия, налагаемого на последующего покупателя.

Редактор
Алекс Фитцджеральд / Alex Fitzgerald - SoccerTutor.com

Переводчик
Герман Коцюбинский

Дизайн обложки
Алекс Макрайдс / Alex Macrides, Think Out Of The Box Ltd.
Email: design@thinkootb.com Tel: +44 (0) 208 144 3550

Рисунки
Дизайн рисунков от SoccerTutor.com. Все рисунки в этой книге были созданы с использованием программного обеспечения SoccerTutor.com Tactics Manager доступного на www.SoccerTutor.com

Примечание: несмотря на то, что были предприняты все усилия для обеспечения технической точности содержания этой книги, ни автор, ни издатели не могут нести ответственность за любой ущерб или убытки, понесенные в результате использования этого материала.

СОДЕРЖАНИЕ

ДОСТИЖЕНИЯ ПЕПА ГВАРДИОЛЫ 9
ПЕП ГВАРДИОЛА: ЛУЧШИЕ ЦИТАТЫ ОТ ИГРОКОВ 10
КЛЮЧ К РИСУНКАМ 11
ФОРМАТ УПРАЖНЕНИЙ 11

ПЕП ГВАРДИОЛА. ТРЕНИРОВКА ШАБЛОНОВ ПОЗИЦИОННЫХ АТАК 12

АТАКУЮЩАЯ ФИЛОСОФИЯ ПЕПА ГВАРДИОЛЫ: ЛУЧШИЕ ВЫСКАЗЫВАНИЯ. 13
АТАКУЮЩАЯ ФИЛОСОФИЯ ПЕПА ГВАРДИОЛЫ: КЛЮЧЕВЫЕ АСПЕКТЫ 14
ПОЗИЦИОННАЯ ИГРА ПЕПА ГВАРДИОЛЫ: ИГРЫ НА УДЕРЖАНИЕ МЯЧА 15
ПЕП ГВАРДИОЛА. УЧАСТКИ ТРЕНИРОВОЧНОГО ПОЛЯ: КЛЮЧЕВЫЕ ЗОНЫ. 16
ПЕП ГВАРДИОЛА. УЧАСТКИ ТРЕНИРОВОЧНОГО ПОЛЯ: ЦЕЛИ И ПРАВИЛА 17
ЗНАЧЕНИЕ "ПОЛУФЛАНГОВ " ПЕПА ГВАРДИОЛЫ 18
ПРИМЕР "ПОЛУФЛАНГОВ" ПЕПА ГВАРДИОЛЫ: МАНЧЕСТЕР СИТИ (4-3-3)............ 19

ШАБЛОНЫ ПОЗИЦИОННОЙ АТАКИ (4-3-3) 20

Построение атаки от вратаря Примеры упражнений 21
Пример упражнения построение атаки от вратаря: ситуация 3х3 на фланге 22
1. Пример А: Пас крайнему защитнику заблокирован, опорный полузащитник закрыт 22
2. Пример В: Передача опорному полузащитнику (DM) заблокирована и
крайний защитник (FB) плотно закрыт 23
3. Пример С: пас вингеру (W) заблокирован и опорный полузащитник (DM) плотно закрыт 24

**Шаблоны позиционных атак: 4-3-3 с инвертированными
крайними защитниками** 25
МАНЧЕСТЕР СИТИ В ПОСТРОЕНИИ 4-3-3 27
АТАКУЮЩЕЕ ПОСТРОЕНИЕ 2-3-2-3 МАНЧЕСТЕР СИТИ (4-3-3) 28
ВЫБОР ПОЗИЦИИ И ПРИЁМ МЯЧА В ПОЛУФЛАНГАХ (4-3-3) 29
МЕТОДИКА ОБУЧЕНИЯ ПЕПА ГВАРДИОЛЫ (ИНВЕРТИРОВАННЫЕ КРАЙНИЕ ЗАЩИТНИКИ) 30
1. Оба атакующих полузащитника комбинируют в атаке через центр 31

2. Атакующий полузащитник смещается внутрь для приёма скидки от центрального нападающего и выполняет проникающий пас вингеру 32

3. Атакующий полузащитник принимает мяч в «полуфланге», ведёт мяч внутрь и выполняет проникающий пас вингеру 33

4. Атакующий полузащитник смещается внутрь для приёма скидки от форварда, ведёт мяч в штрафную площадь и бьёт 34

5. Атакующий полузащитник выполняет проникающий пас вингеру из полуфланга после скидки форварда 35

6. Опорный полузащитник пасует форварду + скидка атакующему полузащитнику для проникающего паса в штрафную площадь 36

7. Пас крайнего защитника нападающему + скидка атакующему полузащитнику для проникающего паса в штрафную площадь 37

8. Диагональный пас верхом опорного полузащитника в штрафную площадь на ход вингеру + прострел назад по диагонали 38

Вариант тренировки шаблона позиционной атаки: добавляется 1 защитник и 2 манекена в полузащите 39

ШАБЛОНЫ ПОЗИЦИОННЫХ АТАК: 4-3-3 С ОБЫЧНЫМИ КРАЙНИМИ ЗАЩИТНИКАМИ 40

МЕТОДИКА ОБУЧЕНИЯ ПЕПА ГВАРДИОЛЫ (ОБЫЧНЫЕ КРАЙНИЕ ЗАЩИТНИКИ) 42

1. Пас от опорного полузащитника нападающему и скидка атакующему полузащитнику для проникающего паса вингеру 43

2. Нападающий пропускает мяч после паса опорного полузащитника, чтобы атакующий полузащитник мог набежать и забить 44

3. После передачи опорного полузащитника нападающий выполняет проникающий пас на третьего для атакующего полузащитника 45

4. Комбинационная игра опорного полузащитника в центре + диагональный пас верхом левому вингеру за линию обороны соперника 46

ШАБЛОНЫ ПОЗИЦИОННЫХ АТАК (4-3-3) 47

РАССТАНОВКА «БАРСЕЛОНЫ» ПЕПА ГВАРДИОЛЫ (4-3-3) 49
ВЫБОР ПОЗИЦИИ И ПРИЁМ МЯЧА В «ПОЛУФЛАНГАХ» (4-3-3) 50

1. Перевод мяча с одного фланга на другой, используя короткие и средние передачи. Вингер получает мяч высоко за линией обороны 51

2. Смена направления атаки длинной передачей верхом. Вингер получает мяч и ведёт его вперёд 52

3. Атака через центр с передачей верхом на третьего за линию обороны и подключением атакующего полузащитника 53

4. Комбинация со своевременным движением, приёмом мяча в углу поля, подачей и завершением 54

5. Своевременное движение в комбинации со сменой направления атаки, подачей и завершением 55

6. Атакующая комбинация с участие 4 игроков на левом фланге с проникающим пасом, подачей и завершением 56

7. Атакующая комбинация с участие 4 игроков на правом фланге с проникающим пасом, подачей и завершением 57

ШАБЛОНЫ ПОЗИЦИОННОЙ АТАКИ (3-5-2) 58

МАНЧЕСТЕР СИТИ ПЕПА ГВАРДИОЛЫ (3-5-2) 60
ВЫБОР ПОЗИЦИИ И ПРИЁМ МЯЧА В «ПОЛУФЛАНГАХ» (3-5-2) 61
МЕТОДИКА ТРЕНИРОВКИ ШАБЛОНОВ ПЕПА ГВАРДИОЛЫ (3-5-2) 62

Пас опорного полузащитника нападающему, скидка в середину и пас «на третьего», который врывается в штрафную площадь 63

1. Оба нападающих падают назад, чтобы комбинировать + пас «на третьего» (атакующий полузащитник), который бежит за спину защитникам соперника 64
2. Скидка центрального нападающего на второго форварда + пас «на третьего» (атакующий полузащитник), который принимает мяч в центре 65
3. Скидка центрального нападающего второму форварду + пас «на третьего» (атакующий полузащитник), который бежит за спину защитникам соперника 66
4. Быстрая комбинационная игра между атакующим полузащитником и двумя нападающими . 67
5. Использование быстрых комбинаций опорного полузащитника для доставки мяча нападающим 68

Смена направления атаки и проникающий пас на ход фланговому защитнику .. 69

1. Смена направления атаки и проникающий пас фланговому защитнику, который получает мяч за спиной защитников соперника 70
2. Опорный полузащитник переводит мяч левому фланговому защитнику + «пас на третьего» (атакующий полузащитник) 71
3. Использование комбинационной игры в короткий пас для смены направления атаки и проникающая передача фланговому защитнику 72
4. Нападающий скидывает мяч второму форварду, смена направления атаки и проникающая передача фланговому защитнику 73
5. Комбинационная игра с опорным полузащитником, перевод мяча на слабый фланг + проникающая передача фланговому защитнику 74
6. Перевод мяча на слабый фланг, скидка нападающего атакующему полузащитнику + проникающая передача фланговому защитнику 75

Нападающий скидывает мяч атакующему полузащитнику+ проникающий пас . 76

1. Диагональный пас верхом атакующего полузащитника из центра на край выдвинутому фланговому защитнику 78

2. Атакующий полузащитник, на ходу принимает мяч после скидки выдвинутого форварда + проникающий пас фланговому защитнику 79

3. Атакующий полузащитник, на ходу принимает мяч после скидки второго форварда + проникающий пас на ход фланговому защитнику (1) 80

4. Атакующий полузащитник, на ходу принимает мяч после скидки второго форварда + проникающий пас на ход фланговому защитнику (2) 81

5. Передачи через линию + проникающий пас на третьего (фланговый защитник) 82

6. Атакующий полузащитник, принимающий скидку выдвинутого форварда + проникающий пас на ход второму форварду 83

Пеп Гвардиола останавливает тренировочное занятие в этот момент и вносит следующие изменения 84

Атакующий полузащитник падает назад, а нападающий двигается в «полуфланг», чтобы стать связующим игроком 85

1. Форвард получает мяч в «полуфланге» и пасует внутрь для атакующего полузащитника, который ведёт мяч сквозь линию обороны 86

2. Двойная скидка перед проникающим пасом опорного полузащитника на ход фланговому защитнику 87

3. Фланговый защитник играет в стенку с форвардом в «полуфланге», чтобы получить мяч за спиной у соперника 88

4. Фланговый защитник делает ложное открывание назад, а затем бежит вперёд, чтобы получить мяч от нападающего на краю за спиной соперника 89

5. Атакующий полузащитник падает назад, форвард смещается поперёк, чтобы комбинировать в «полуфланге» и смена направления атаки 90

6. Перевод мяча от одного флангового защитника другому с помощью длинной передачи верхом атакующего полузащитника 91

7. Нападающий смещается поперёк в "полуфланг" для скидки атакующему полузащитнику, который пасует фланговому защитнику 92

8. Центральный нападающий скидывает мяч второму форварду, который выполняет диагональный пас верхом за линию обороны соперника фланговому защитнику 93

Уверенное владение мячом, прежде чем выполнить решающий диагональный пас верхом за линию защиты 94

1. Быстрая комбинационная игра в центре и короткий диагональный пас верхом нападающему за спину сопернику 95

2. Комбинационная игра с несколькими скидками + диагональный пас верхом за спину соперникам на ход нападающему 96

3. Быстрая комбинационная игра в центре со скидками + диагональный пас верхом за спину соперникам на ход фланговому защитнику (1) 97

4. Перевод мяча от одного флангового защитника другому и обратно со скидками + диагональным пас верхом за спину защитникам соперника 98

5. Быстрая комбинационная игра в центре со скидками + диагональный пас верхом за спину соперникам на ход фланговому защитнику (2) 99

6. Быстрая комбинационная игра в «полуфланге» + диагональный пас верхом за линию обороны противоположному фланговому защитнику 100

Комбинационная игра с фланговым защитником с использованием маневров "отдай и беги" и "рывок за спину" 101

1. Двойная комбинация «стенка», фланговый защитник получает мяч за спиной (1) 102
2. Двойная комбинация «стенка», фланговый защитник получает мяч за спиной (2) 103
3. Передача на край фланговому защитнику + проникающий пас в штрафную площадь на ход атакующему полузащитнику 104
4. Перевод мяча на слабый фланг + проникающий пас атакующему полузащитнику за спину защитникам соперника 105
5. Проникающий пас вперёд сквозь линии, комбинация «стенка» на фланге, бег атакующего полузащитника в штрафную площадь 106

Проникающий дриблинг атакующего полузащитника, который получает мяч и ведёт его через центр 107

1. Быстрая комбинационная игра внутри и вокруг «полуфланга» + пас в центр атакующему полузащитнику, который ведёт мяч в штрафную площадь 108
2. Оба нападающих смещаются поперёк, комбинируют и создают пространство для атакующего полузащитника, который ведёт мяч в штрафную площадь 109

АТАКУЮЩИЕ КОМБИНАЦИИ С ЗАВЕРШЕНИЕМ 110

Атакующие комбинации, создание голевых моментов и завершение 112

1. Пас и открывание для приёма мяча в атакующей комбинации со скидкой, дриблингом и завершением 113
2. Комбинационная игра в пас, «стенка» для приёма мяча за спиной соперника и завершение 114
3. Комбинационная игра в пас + приём передачи низом на ход, «стенка» и удар 115
4. Комбинационная игра в пас + приём передачи верхом на ход, «стенка» и удар 116
5. Комбинационная игра в пас и диагональная передача верхом «на третьего» за спину защитникам соперника + завершение 117
6. «Стенка», диагональный проникающий пас в штрафную площадь, прострел и завершение . 118
7. «Стенка», диагональная передача верхом за спину соперникам, завершение после прострела ..119
8. «Стенка», диагональ в «полуфланг», забегание, прострел и завершение 120

9. Быстрые ноги, «стенка» и диагональная передача верхом за спину сопернику для партнера по команде, который принимает мяч и бьёт 121

10. Комбинационная игра в короткий пас, передача на край, подача и своевременный бег в штрафную площадь. 122

11. Комбинация со скидкой, передачей на край, прострелом и своевременным бегом в штрафную площадь 123

12. Нападающие бегут в штрафную площадь, подача и завершение 124

13. Комбинационная игра в короткий пас на фланге, подача и завершение. 125

14. Короткие передачи в центре, пас на фланг, «стенка», прострел назад по диагонали и завершение в упражнении 5 на 2 126

Атакующие комбинации в ситуации 3х2 127

1. Быстрые атаки в ситуации 3х2 (+ вратарь) 128

2. Быстрые атаки в ситуации 3х2 (+ вратарь) с одним защитником, стартующим из боковой позиции. 129

Атакующие комбинации в круговой тренировке 130

1. Круговая тренировка с комбинационной игрой, проникающим пасом, завершением и упражнениями для развития скорости. 131

2. Круговая тренировка с комбинационной игрой, диагональным пасом верхом, завершением и упражнениями для развития скорости. 132

3. Круговая тренировка с комбинационной игрой, дриблингом в штрафную площадь, завершением и упражнениями для развития скорости 133

4. Круговая тренировка с передачами, упражнениями для развития скорости, дриблингом и завершением. 134

Атакующие комбинации в упражнениях для развития физических качеств 135

1. Передачи, дриблинг и удары в круговой разминке 136

2. Комбинационная игра в пас с «двойной стенкой» и ударами в круговой разминке 137

3. «Двойная стенка», подача и завершение в упражнении для развития скорости 138

4. Комбинация «длинная стенка», подача и завершение в упражнении для развития скорости и физических кондиций. 139

5. Приём мяча в углу поля, подача и своевременное открывание в штрафную площадь в упражнении для развития скоростной выносливости 140

6. Быстрая комбинационная игра со скидкой, забеганием, подачей и завершением. 141

7. Комбинационные действия, подачи и завершение в упражнении для развития скорости и физических кондиций 142

8. Комбинация «стенка», забегание, подача и своевременное открывание в штрафную площадь в упражнении для развития скоростной выносливости 143

ДОСТИЖЕНИЯ ПЕПА ГВАРДИОЛЫ

РОЛЬ ТРЕНЕРА

- **Манчестер Сити** (2016 - по настоящее время)
- **Бавария Мюнхен** (2013 – 2016)
- **Барселона** (2008-2012)
- **Барселона Б** (2007-2008)

«Когда у меня есть мяч, у меня есть шанс забить гол»

«Мой футбол прост: мне нравится атаковать, атаковать и атаковать»

«Когда есть сомнения, возвращайся к истокам: атакуй, атакуй, всегда атакуй»

НАГРАДЫ (Европа/мир)

- Лига Чемпионов УЕФА x 2 (2009, 2011)
- Клубный Чемпионат Мира ФИФА x 3 (2009, 2011, 2013)
- Суперкубок УЕФА x 3 (2009, 2011, 2013)

НАГРАДЫ (Национальные лиги)

- Премьер-лига Англии x 2 (2018, 2019)
- Бундеслига Германии x 3 (2014, 2015, 2016)
- Ла Лига Испании x 3 (2009, 2010, 2011)
- Терсера (второй дивизион) Испании (2008)

НАГРАДЫ (Национальные кубки)

- Кубок Англии (2019)
- Кубок Германии x 2 (2014, 2016)
- Кубок Испании x 2 (2009, 2012)
- Кубок Английской Лиги x 2 (2018, 2019)
- Кубок Английской Лиги x 2 (2018, 2019)
- Суперкубок Испании x 3 (2009, 2010, 2011)

ИНДИВИДУАЛЬНЫЕ ПРИЗЫ

- Лучший тренер мира ФИФА (2011)
- Лучший тренер сезона в Европе – приз Press Association (2011)
- Тренер года в Европе – приз Альфа Рамсея (2009)
- Лучший тренер сезона Английской Премьер-Лиги (2018)
- Тренер года в Испании x 4 (2009, 2010, 2011, 2012)

ПЕП ГВАРДИОЛА: ЛУЧШИЕ ЦИТАТЫ ИГРОКОВ

«Меня воспитывал уникальный мастер. Я очень вырос с Пепом как игрок и многому научился у него. Некоторые менеджеры - превосходные тактики, но Пеп также объяснял действия, которые вы должны были выполнить на поле, и что тогда произойдет. И это происходило!" (Лионель Месси)

«Он гений, который читает игру и освещает все ситуации которые можно себе представить. Он всегда показывает нам, как создать пространство и найти решения. И нет менеджера, такого как он, что делает его, вероятно, лучшим в мире."
(Илкай Гюндоган)

«Есть одна вещь, в которой вы можете быть уверены - он хочет доминировать. Люди связывают его команды с большим количеством забитых ими голов, но его команды также мало пропускают. Он всегда хочет быть впереди, иметь мяч, владеть мячом, и он хочет доминировать". (Тьерри Анри)

«Я многому научился у Пепа. Он гений. Я могу узнать от него больше за час, чем от других за один год. Он поднимает вас на следующий уровень не только на поле, но и в вашей голове. Он открыл мне совершенно новые возможности. Я не знал, что это было возможно, пока я не перебрался в Мюнхен. Он нашел для меня новую роль». (Дуглас Коста)

«Он невероятный тренер на совершенно другом уровне с точки зрения тактики. Он действительно помогает игрокам развиваться, и он помог мне совершенствоваться даже в возрасте 30 лет».
(Филипп Лам)

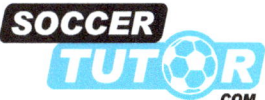

КЛЮЧ К РИСУНКАМ

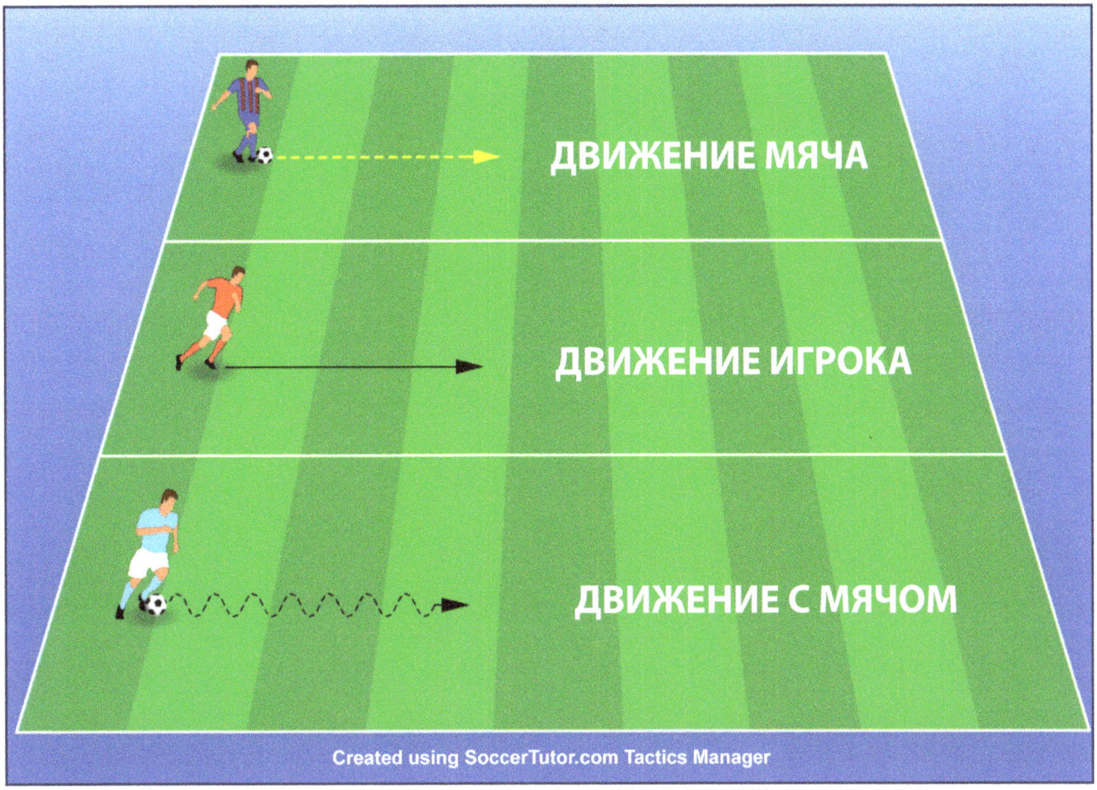
ДВИЖЕНИЕ МЯЧА
ДВИЖЕНИЕ ИГРОКА
ДВИЖЕНИЕ С МЯЧОМ
Created using SoccerTutor.com Tactics Manager

ФОРМАТ УПРАЖНЕНИЙ

- Упражнения, описанные в этой книге, взяты непосредственно из тренировок Пепа Гвардиолы в «Манчестер Сити», «Баварии» Мюнхен и ФК «Барселона».
- Каждая атакующая комбинация или шаблон позиционной атаки включает в себя тему / название упражнения и четкие диаграммы с подробным описанием.

ПЕП ГВАРДИОЛА ТРЕНИРОВКА ШАБЛОНОВ ПОЗИЦИОННЫХ АТАК

ПЕП ГВАРДИОЛА ТРЕНИРОВКА ШАБЛОНОВ ПОЗИЦИОННЫХ АТАК

АТАКУЮЩАЯ ФИЛОСОФИЯ ПЕПА ГВАРДИОЛЫ: ЛУЧШИЕ ВЫСКАЗЫВАНИЯ

«Вы можете потерять мяч и столкнуться с контратакой. Но я думаю, что больше риска, когда вы не рискуете».

«Невозможно противостоять глубокой обороне, располагаясь узко. Сначала расставьтесь широко, а затем бегите за спину».

«Я стараюсь двигать хорошо организованного в обороне соперника – чтобы заставить его бегать, передача мяча должна быть быстрой и тогда она создаёт проблемы в оборонительных построениях».

«Иногда есть команды, которые высоко прессингуют, и вы легко находите свободное пространство - у вас много пространства, а другие, глубоко защищаются с 11 игроками в штрафной площади, хорошо, вы должны найти способ атаковать их».

«Я люблю атаковать. Это моя идея футбола. Меня интересует скорость атаки».

«Главное - это намерения. Я пытаюсь взять мяч, пытаюсь играть, пытаюсь атаковать. После этого побеждаю или не побеждаю».

«Пока мы атакуем, идея в том, чтобы всегда сохранять свою позицию, всегда быть в том месте, где вы должны быть».

«Я хочу динамизма, мобильности, но позиция всегда должна быть кем-то занята».

Источник: интервью Пепа Гвардиолы с Трансферсэйлс на СФР Спорт 1, Франция – Февраль 2018

ПЕП ГВАРДИОЛА ТРЕНИРОВКА ШАБЛОНОВ ПОЗИЦИОННЫХ АТАК

АТАКУЮЩАЯ ФИЛОСОФИЯ ПЕПА ГВАРДИОЛЫ: КЛЮЧЕВЫЕ АСПЕКТЫ

- Никогда не теряйте свои позиции в поисках мяча
- Используйте комбинационную игру в пас, чтобы соперник потерял свои позиции.
- Вингеры высоко и широко на краю поля, ожидают, чтобы нанести решающий удар, когда соперник дезорганизован
- Доминировать в игре высоко на поле 
- Владение мячом это просто инструмент
- Создание ситуаций 1 на 1 в ключевых зонах
- Структурированное расположение игроков - постепенно сдвигаемся по полю вверх все вместе
- Правильное положение тела, при приёме мяча
- Короткие точные передачи
- Используйте «пас на третьего», при построении игры между линиями соперника (создать свободного игрока в треугольнике передач)
- 2 на 4 в атаке, дополнительный игрок в полузащите, дополнительный игрок в защите, с высокой линией обороны
- Играть «интенсивно» и с общей концентрацией на протяжении каждой игры

Источник: Перарно, Марти, Пеп Гвардиола: Эволюция. Бирлинн, издание Киндл, 2016

ПЕП ГВАРДИОЛА ТРЕНИРОВКА ШАБЛОНОВ ПОЗИЦИОННЫХ АТАК

ПОЗИЦИОННАЯ ИГРА ПЕПА ГВАРДИОЛЫ: ИГРЫ НА УДЕРЖАНИЕ МЯЧА

- Используйте пространство, владея мячом, уменьшайте пространство, играя без мяча
- Варианты передач определяются положением мяча, а игроки смещаются в зависимости от положения мяча.
- Сохраняйте правильные расстояния между собой в зависимости от расположения игроков и шаблонов игры
- Контролируемое владение мячом
- Игроки расположены в определенных зонах
- Заставьте двигаться соперника в обороне
- Создавать зазоры и линии передач (треугольники)
- Расположите своих игроков между линиями
- Разрушать линии соперника проникающими передачами вперёд
- Пасуйте на ход партнёру в свободное пространство, чтобы продвинуться вперёд, или партнёру, у которого достаточно времени и места, чтобы принять мяч, а затем выполнить передачу
- Ключевой момент, занять правильные позиции в определенной структуре (организация команды)
- «Полуфланги» (см. следующие страницы) и быстрое возвращение мяча после его потери рождаются из «игр на удержание мяча»

Источник: Лука Бертолини, тренерская лицензия УЕФА «B» и автор многих книг о тренировках в футболе – www.lucamistercalcio.com

ПЕП ГВАРДИОЛА. УЧАСТКИ ТРЕНИРОВОЧНОГО ПОЛЯ: КЛЮЧЕВЫЕ ЗОНЫ

Выделены зоны на тренировочном поле, чтобы практиковать определенные позиционные схемы игры, максимизировать пространство, дезорганизовать противников, создать численное преимущество и переместить мяч в опасные зоны атаки («полуфланги»).

Атакующие полузащитники и "полуфланги"

- Атакующие полузащитники стремятся получить мяч в этой зоне и повернуться лицом к воротам соперника
- Отсюда самые креативные игроки ищут возможность выполнить проникающий пас

Широкие зоны

- Вингеры располагаются высоко и широко на фланге (крайние защитники в схеме 3-5-2 = ниже)
- Они отвлекают защитников соперника
- Они бегут за спину защитникам в финальной стадии атаки

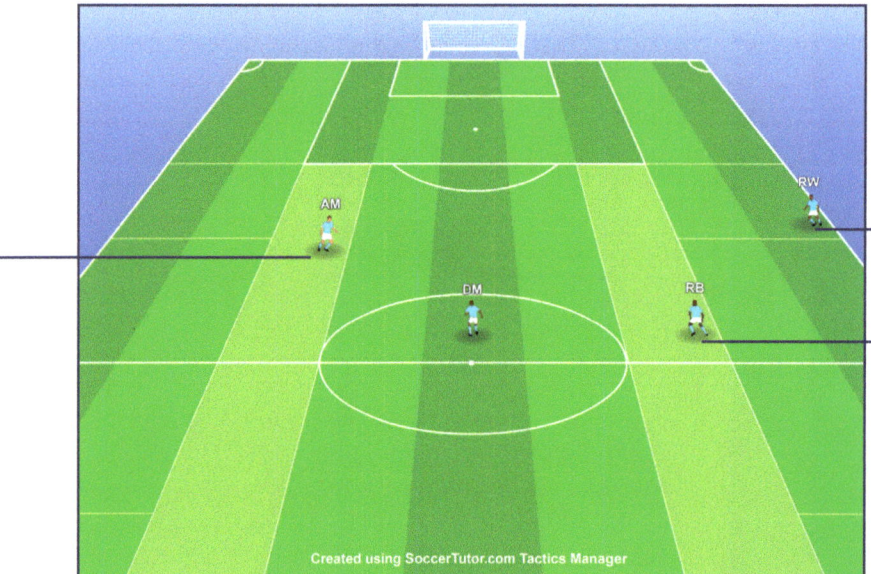

Инвертированные крайние защитники и «полуфланги»

- В 4-3-3 «Манчестер Сити» инвертированные крайние защитники располагаются в «полуфлангах», чтобы помочь переместить мяч от центральных защитников к игрокам группы атаки.
- Это позволяет опорному полузащитнику оставаться в центральной позиции.

ПЕП ГВАРДИОЛА. УЧАСТКИ ТРЕНИРОВОЧНОГО ПОЛЯ: ЦЕЛИ И ПРАВИЛА

Эффективная игра на владение мячом, постепенное построение атаки как инструмент для перемещения игроков соперника и дезорганизации их обороны

Эффективно проникать через построения соперника и получать мяч между их линиями полузащиты и обороны

После контролируемого владения мячом, подойти к штрафной площади большим количеством игроков, готовых замкнуть подачу или пас назад по диагонали

Зоны на флангах (пониже) всегда должны быть заняты крайними защитниками, когда Пеп Гвардиола использует построение 3-5-2

Зоны высоко на флангах всегда должны быть заняты вингерами, когда Пеп Гвардиола использует расстановку 4-3-3

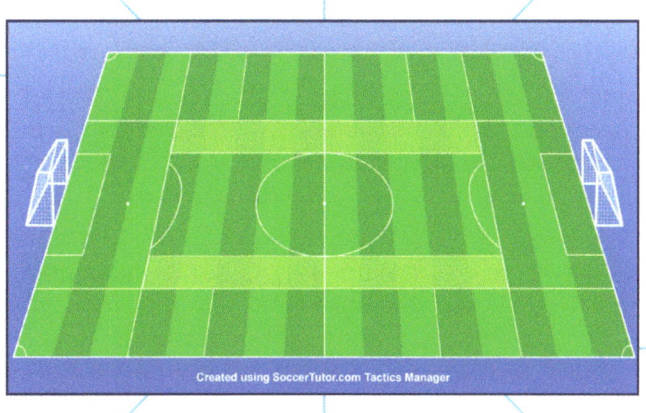

«Только из-за того, что вы расположены высоко и широко, вы фактически замораживаете 4 игроков, потому что мы угрожаем им рывками за спину»
(Тьерри Анри)

«Когда у вас есть Хави, Иньеста, Бускетс, Месси, Фабрегас, это нормально, что вы играете с такой расстановкой в середине».
(Пеп Гвардиола)

«Когда у вас есть такие игроки, как Сане, Стерлинг и Де Брюйне, вы атакуете больше пространства». (Пеп Гвардиола)

ПЕП ГВАРДИОЛА ТРЕНИРОВКА ШАБЛОНОВ ПОЗИЦИОННЫХ АТАК

ЗНАЧЕНИЕ "ПОЛУФЛАНГОВ " ПЕПА ГВАРДИОЛЫ

ЧТО ТАКОЕ "ПОЛУФЛАНГИ" ПЕПА ГВАРДИОЛЫ?

«Полуфланги» - это внутренние коридоры между крайним защитником и центральным защитником соперника с обеих сторон поля (см. схему на следующей странице). Цель Пепа Гвардиолы состоит в том, чтобы его лучшие и самые креативные игроки получали мяч в этих «полуфлангах».

- В настоящее время в «Манчестер Сити» Пеп Гвардиола хочет, чтобы его атакующие полузащитники **Сильва (21), Де Брюйне (17)** и **Бернадо (20)** получили мяч в "полуфланге" высоко на поле. Оттуда они пытаются выполнить пас за линию обороны.

- «Манчестер Сити» старается убедиться, что у них есть численное преимущество в средней трети, когда инвертированные крайние защитники **Уокер (2)** и **Зинченко (35) или Дельф (18)** занимают центральные позиции, создавая атакующую группу 2-3-2-3 (см. стр. 28).

- Инвертированные крайние защитники (4-3-3) расположены в «полуфлангах» и помогают перемещать мяч от центральных защитников к атакующим, а также позволяют опорному полузащитнику **Фернандиньо (25)** сохранять центральную позицию.

- Вингеры Пепа Гвардиолы **Стерлинг (7), Сане (19), Марез (26)** и иногда **Бернадо (20)** играют в более высокой широкой зоне на краю поля. Это вынуждает защитников соперника оставаться на месте и создает больше места в центре и в «полуфлангах» для получения мяча и использования их партнёрами по команде.

- В мюнхенской «Баварии» Пеп Гвардиола хотел, чтобы его вингеры (или крайние нападающие) Роббен и Рибери получали мяч в "полуфлангах" высоко на поле, смещались внутрь и били. Это потому, что они были самыми опасными игроками.

- Это означало, что крайние защитники или вингеры оставались в широких зонах на флангах, чтобы оставить пространство в «полуфлангах».

- В «Барселоне» Пеп Гвардиола хотел, чтобы его атакующие полузащитники Хави и Иньеста получали мяч в «полуфлангах» высоко на поле.

- Вингеры располагались широко, чтобы отвлекать защитников, и оставляли «полуфланги» открытыми для Хави и Иньесты, чтобы получать там мяч, а затем выполнять проникающий пас за линию обороны.

Источник: Лука Бертолини, тренерская лицензия УЕФА «В» и автор многих книг о тренировках в футболе – www.lucamistercalcio.com

ПЕП ГВАРДИОЛА ТРЕНИРОВКА ШАБЛОНОВ ПОЗИЦИОННЫХ АТАК

ПРИМЕР "ПОЛУФЛАНГОВ" ПЕПА ГВАРДИОЛЫ: МАНЧЕСТЕР СИТИ (4-3-3)

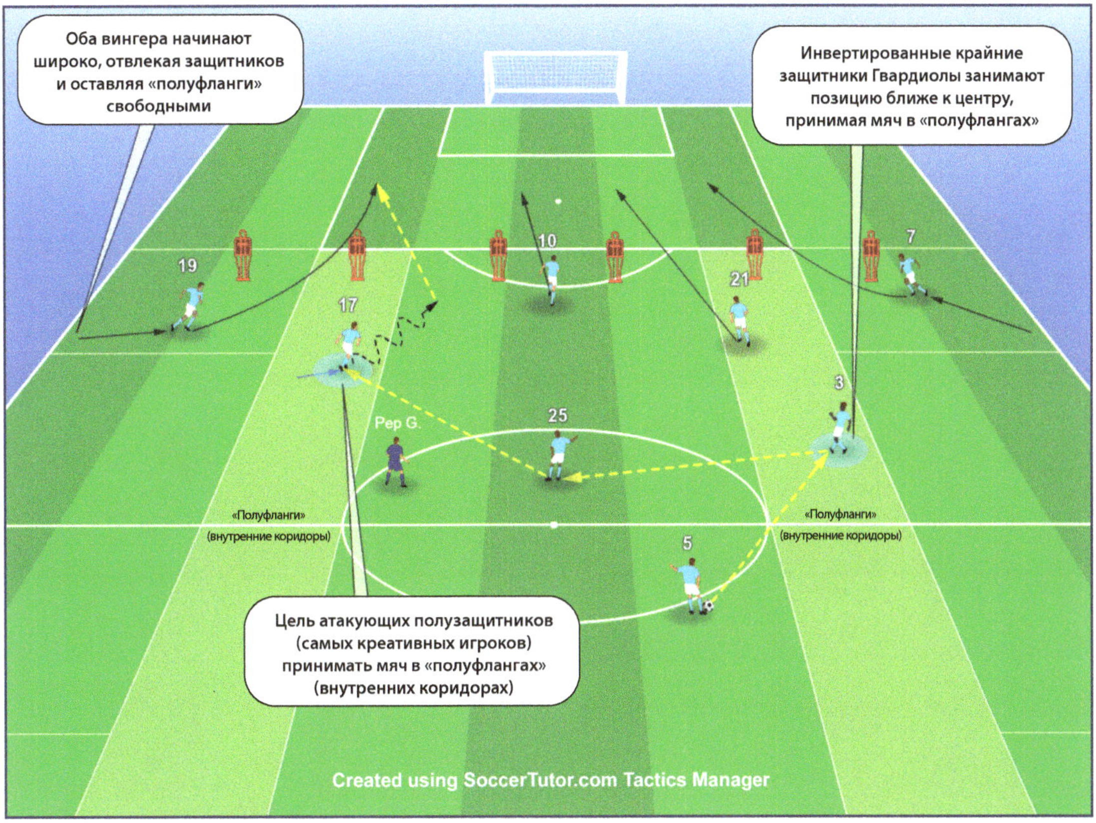

- «Манчестер Сити» использует построение 4-3-3 с инвертированными крайними защитниками, расположенными в пределах "полуфлангов", чтобы помочь переместить мяч от центральных защитников игрокам группы атаки.

- Если атакующие полузащитники «Манчестер Сити» получают мяч без опеки в «полуфлангах» и могут развернуться, тогда они пытаются выполнить передачу за линию обороны.

- Оба вингера **(19 и 7)** начинают в широких позициях рядом с боковой линией, чтобы отвлечь защитников противника и убедиться, что их партнеры по команде (атакующие полузащитники) могут занять позицию в «полуфлангах».

- В этом примере опорный полузащитник **Фернандиньо (25)** получает мяч от инвертированного правого защитника **Санья (3)** и пасует атакующему полузащитнику **Де Брюйне (17)** в пределах "полуфланга".

- С этого момента у **Де Брюйне (17)** есть много вариантов выполнить пас за линию обороны.

ШАБЛОНЫ ПОЗИЦИОННОЙ АТАКИ (4-3-3)

Построение атаки от вратаря Примеры упражнений

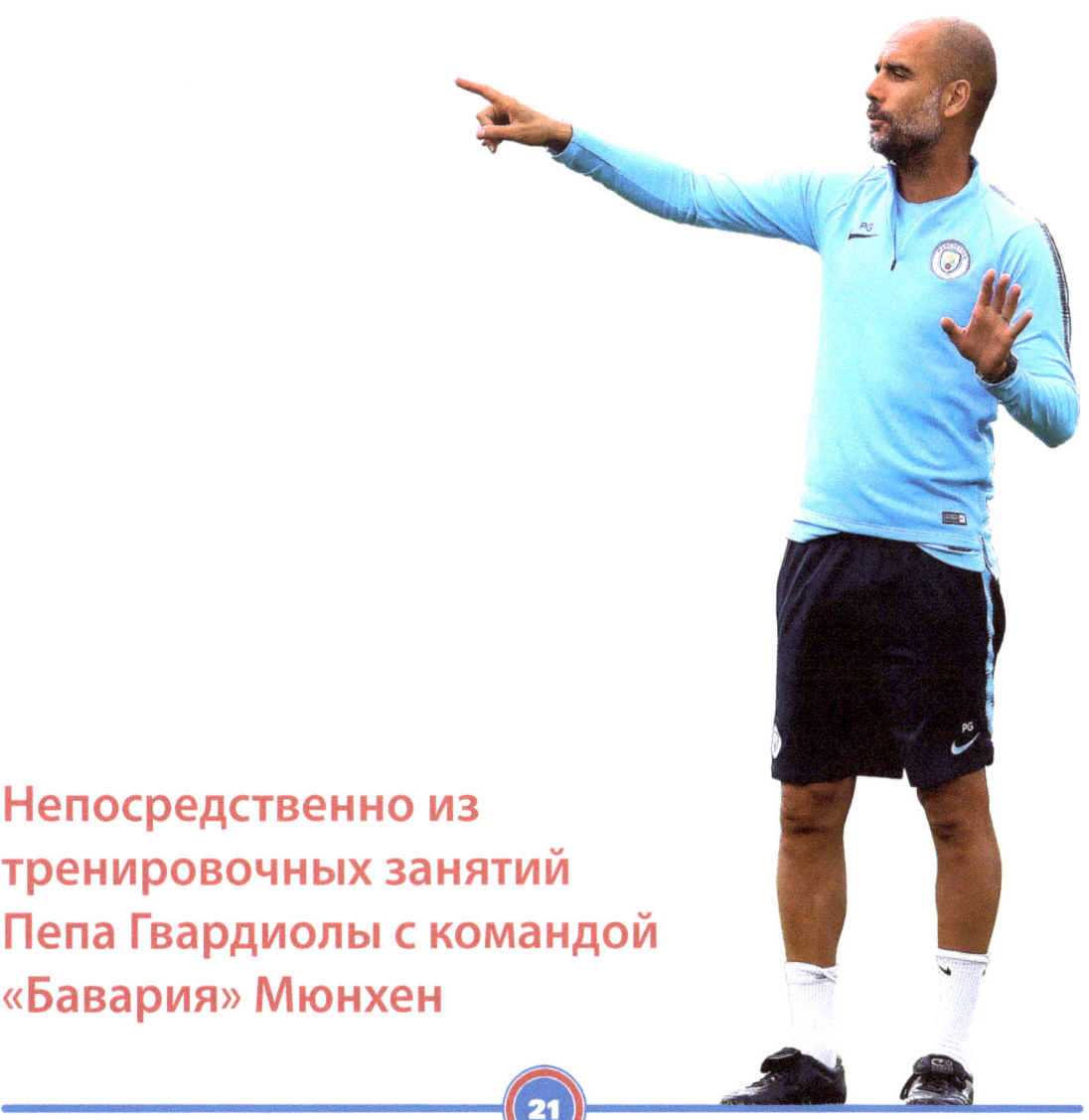

Непосредственно из тренировочных занятий Пепа Гвардиолы с командой «Бавария» Мюнхен

Пеп Гвардиола: Построение атаки от вратаря Примеры упражнений (4-3-3)

Пример упражнения построение атаки от вратаря: ситуация 3х3 на фланге

Упражнения, которые приведены в этом разделе, показывают шаблоны позиционных атак Пепа Гвардиолы для действий на половине поля соперника. Большую часть времени команды Пепа сталкиваются с соперником, глубоко обороняющимся на своей половине, поэтому эти схемы очень полезны для нахождения атакующих решений, позволяющих создавать голевые моменты и забивать.

Здесь же мы показываем пример упражнения из тренировки Пепа Гвардиолы с мюнхенской «Баварией» в 2015 году, где игроки отрабатывают начало атаки от своих ворот.

Пример А: Пас крайнему защитнику заблокирован, опорный полузащитник закрыт

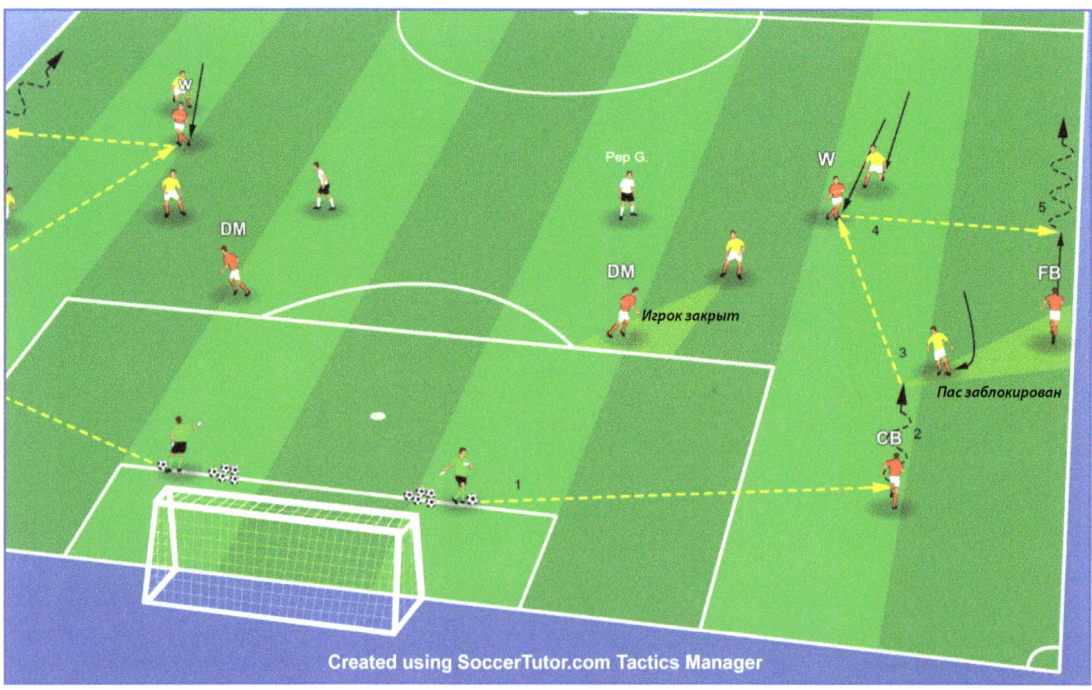

Описание (Пример А)

Вратарь (GK) пасует центральному защитнику (CB), который ведет мяч вперед.

Противник блокирует передачу в направлении крайнего защитника (FB), и опорный полузащитник (DM) плотно закрыт.

Вингер (W) отступает, чтобы обеспечить вариант передачи, и приводит с собой своего опекуна.

Центральный защитник (CB) пасует вингеру (W), который в одно касание отдаёт мяч крайнему защитнику (FB). Крайний защитник (FB) бежит вперед, чтобы получить мяч и вести его в созданное пространство.

Источник: тренировочное занятие Пепа Гвардиолы с «Баварией» Мюнхен в Дохе, Катар – 17 января 2015

Пеп Гвардиола: Построение атаки от вратаря Примеры упражнений (4-3-3)

Пример B: Передача опорному полузащитнику (DM) заблокирована и крайний защитник (FB) плотно закрыт

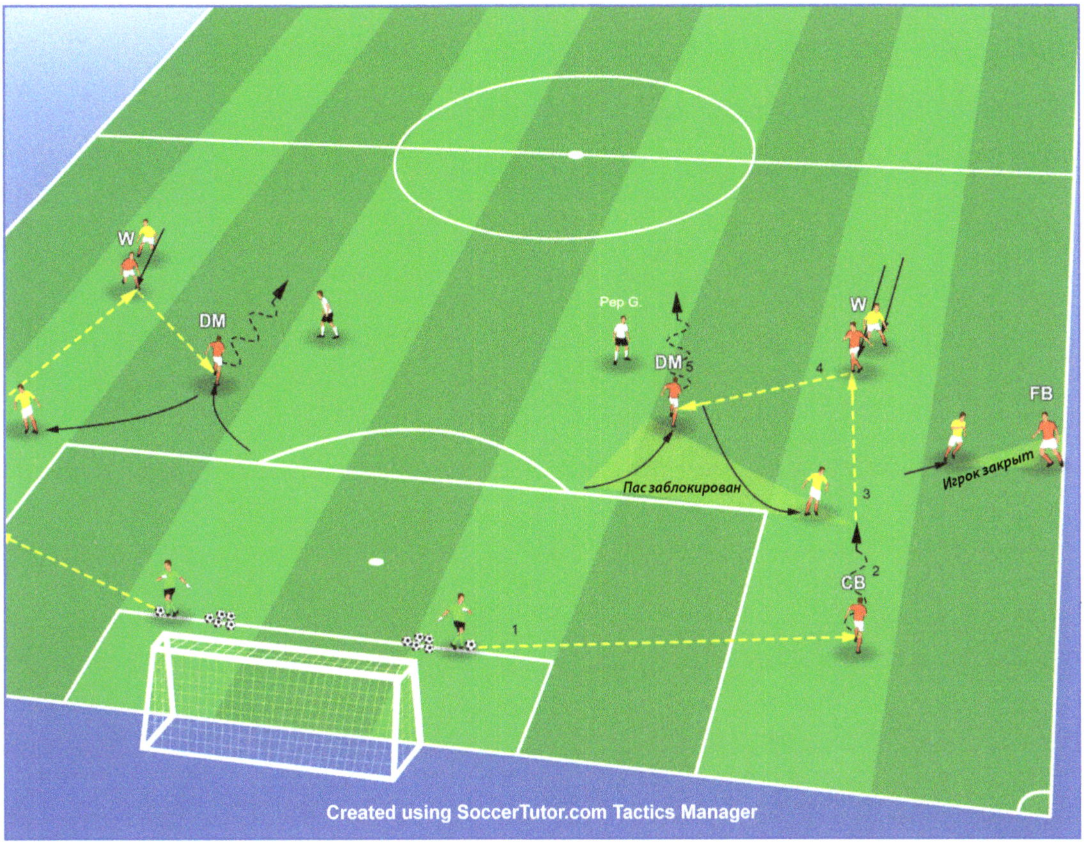

Описание (Пример B)

В этом варианте пас опорному полузащитнику **(DM)** заблокирован, а крайний защитник **(FB)** плотно закрыт.

Вингер **(W)** снова отступает, чтобы обеспечить вариант для передачи, и приводит с собой своего опекуна.

Центральный защитник **(CB)** пасует вингеру **(W)**, который на этот раз выполняет пас в одно касание внутрь, опорному полузащитнику **(DM)**.

Опорный полузащитник **(DM)** бежит вперед, чтобы получить мяч и вести его вперед.

Источник: тренировочное занятие Пепа Гвардиолы с «Баварией» Мюнхен в Дохе, Катар – 17 января 2015

Пример C: пас вингеру (W) заблокирован и опорный полузащитник (DM) плотно закрыт

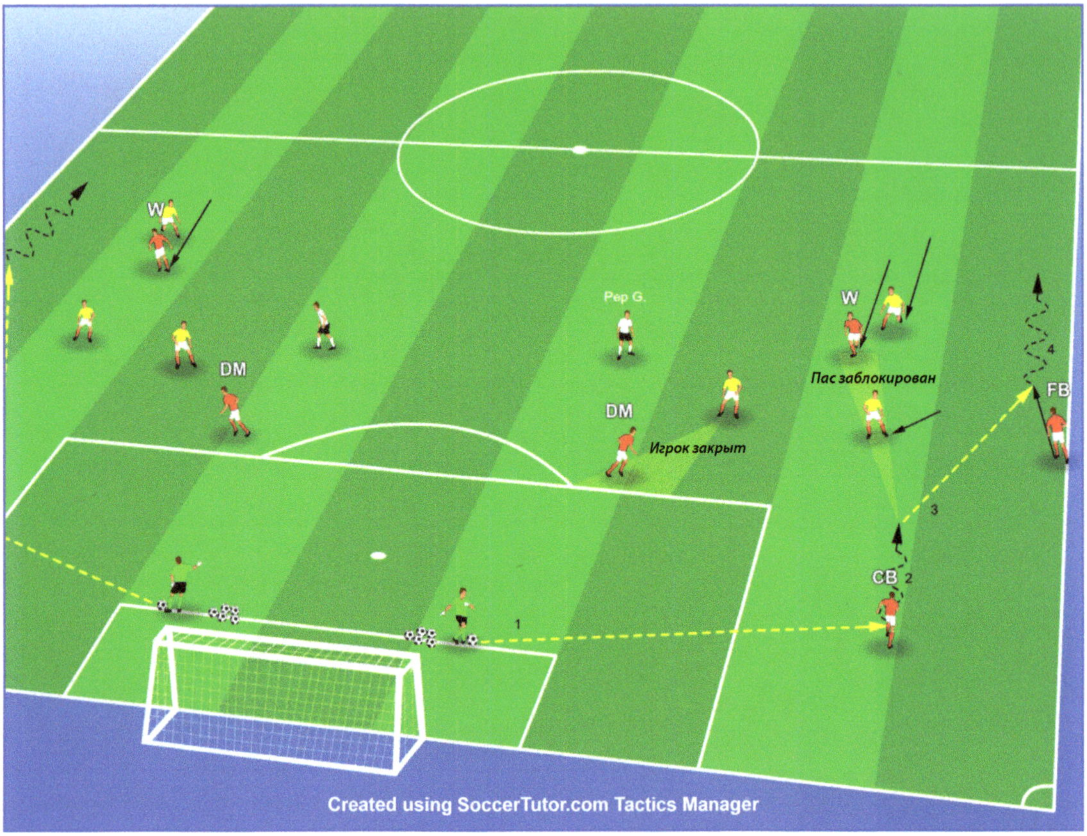

Описание (Пример C)

В этом варианте опорный полузащитник (**DM**) плотно закрыт.

Вингер (**W**) снова отступает, чтобы обеспечить вариант для передачи, и приводит с собой своего опекуна, но противник перемещается, чтобы заблокировать передачу.

Таким образом, центральный защитник (**CB**) пасует крайнему защитнику (**FB**), который может свободно принимать мяч и вести его вперед в созданное пространство.

Источник: тренировочное занятие Пепа Гвардиолы с «Баварией» Мюнхен в Дохе, Катар – 17 января 2015

Шаблоны позиционных атак:
4-3-3 с инвертированными крайними защитниками

Непосредственно из тренировочных занятий Пепа Гвардиолы с командой «Манчестер Сити»

Шаблоны позиционных атак: 4-3-3 с инвертированными крайними защитниками

«Больше всего я люблю тех, кто утверждал, что мы не сможем так играть в Германии или в Премьер-лиге, с Сильвой, Бернардо, Агуэро, все они ростом 5 футов. Но мы сделали это. Забили несколько голов и доминировали в матче через позиционную игру».

Источник: интервью Пепа Гвардиолы для Энтони Бассаса из Дэйли АРА – опубликовано 5 июля 2019 года

Шаблоны позиционных атак: 4-3-3 с инвертированными крайними защитниками

МАНЧЕСТЕР СИТИ В ПОСТРОЕНИИ 4-3-3

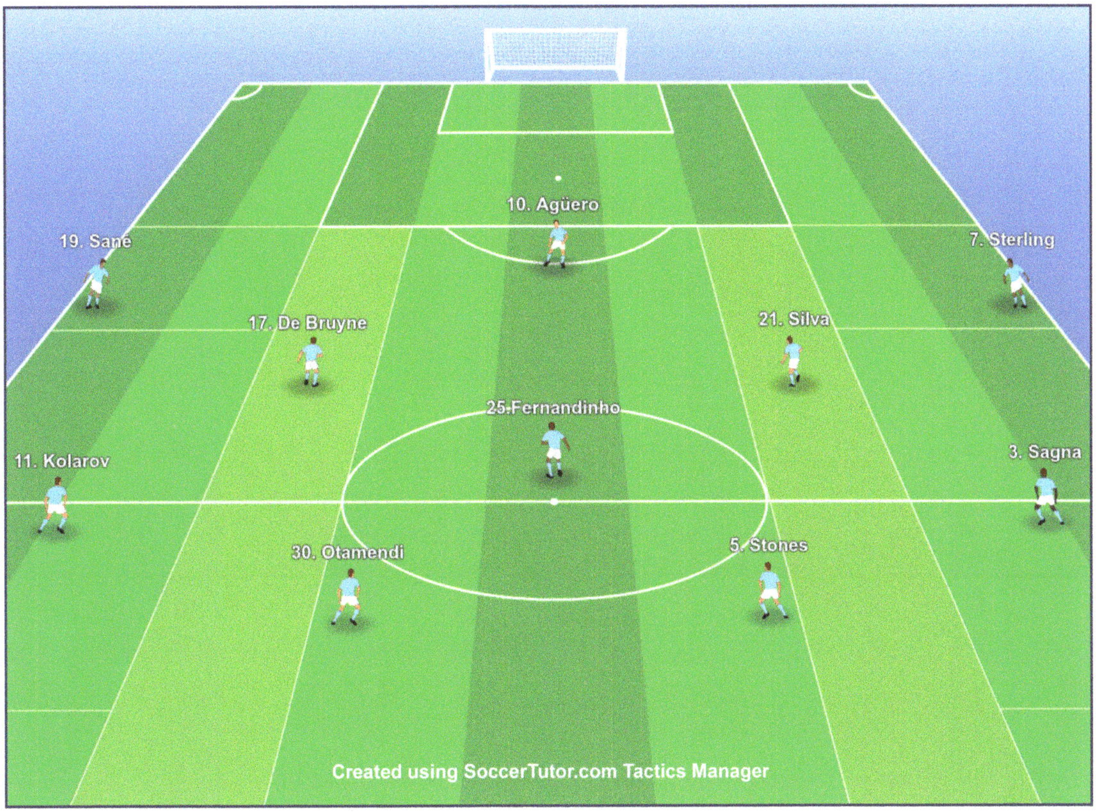

- **30. Отаменди:** левый центральный защитник
- **5. Стоунз:** правый центральный защитник
- **11. Коларов:** левый защитник
- **3. Санья:** правый защитник
- **25. Фернандиньо:** опорный полузащитник

- **17. Де Брюйне:** левый атакующий полузащитник
- **21. Сильва:** правый атакующий полузащитник
- **19. Сане:** левый вингер
- **7. Стерлинг:** правый вингер
- **10. Агуэро:** форвард

Источник: тренировочное занятие Пепа Гвардиолы с «Манчестер Сити» на тренировочном поле «Этихад Кампус», Манчестер – 12 июля 2017

Шаблоны позиционных атак: 4-3-3 с инвертированными крайними защитниками

АТАКУЮЩЕЕ ПОСТРОЕНИЕ 2-3-2-3 МАНЧЕСТЕР СИТИ (4-3-3)

- В фазе атаки команда «Манчестер Сити» Пепа Гвардиолы меняет свою схему на атакующее построение 2-3-2-3, что создает 4 линии для перемещения мяча.

- Это позволяет крайним защитникам стать «инвертированными крайними защитниками» и занимать позиции ближе к середине поля, чтобы получать мяч в «полуфлангах» (см. следующую страницу для более подробной информации).

- В этом построении 2-3-2-3 опорный полузащитник **Фернандиньо (25)** может оставаться в центральной позиции без необходимости закрывать пространство справа или слева.

- Два вингера **Стерлинг (7)** и **Сане (19)** располагаются широко, чтобы отвлечь защитников противника, и оставляют пространство для своих партнёров по команде, чтобы они получали мяч в центре и в "полуфлангах".

- Центральные защитники **Стоунз (5)** и **Отаменди (30)** пасуют опорному полузащитнику или инвертированному крайнему защитнику. А они затем перемещают мяч нападающему или атакующим полузащитникам.

- Вингеры **Стерлинг (7)** и **Сане (19)** становятся активными только на последнем этапе атаки и выполняют бег, чтобы получить мяч позади линии обороны. Они получают мяч и бьют, либо выполняют прострелы низом.

Источник: тренировочное занятие Пепа Гвардиолы с «Манчестер Сити» на тренировочном поле «Этихад Кампус», Манчестер – 12 июля 2017

Шаблоны позиционных атак: 4-3-3 с инвертированными крайними защитниками

ВЫБОР ПОЗИЦИИ И ПРИЁМ МЯЧА В ПОЛУФЛАНГАХ (4-3-3)

- Если атакующие полузащитники «Манчестер Сити» получают мяч без опеки в «полуфлангах» и могут развернуться, то затем они пытаются выполнить проникающий пас за линию обороны соперника.

- Пеп Гвардиола хочет, чтобы его вингеры (**19 и 7**) располагались широко, чтобы отвлечь защитников соперника и освободить пространство для своих атакующих полузащитников, чтобы они получили мяч в «полуфланге» и разворачивались лицом к воротам соперника без опеки.

- Он также хочет, чтобы его инвертированные крайние защитники - **Санья (3)** в примере на диаграмме - получали мяч в «полуфланге» и принимали участие в построении атаки.

- В этом примере «Манчестер Сити» использует построение 4-3-3, а инвертированный правый защитник **Санья (3)** пасует опорному полузащитнику **Фернандиньо (25)**, который пасует атакующему полузащитнику **де Брюйне (17)** в «полуфланг».

- С этого момента у **Де Брюйне (17)** есть возможность сделать пас за линию защиты. В примере с диаграммой он ведет мяч внутрь и выполняет проникающий пас на ход левому крайнему **Сане (19)**.

Источник: тренировочное занятие Пепа Гвардиолы с «Манчестер Сити» на тренировочном поле «Этихад Кампус», Манчестер – 12 июля 2017

Шаблоны позиционных атак: 4-3-3 с инвертированными крайними защитниками

МЕТОДИКА ОБУЧЕНИЯ ПЕПА ГВАРДИОЛЫ
(ИНВЕРТИРОВАННЫЕ КРАЙНИЕ ЗАЩИТНИКИ)

- На этой диаграмме показана методика Пепа Гвардиолы для тренировки шаблонов позиционной атаки в 4-3-3 с инвертированными крайними защитниками.

- По обе стороны есть тренеры с большим количеством мячей, готовые пасовать центральным защитникам, чтобы начать игру (построение атаки).

- На линии за пределами штрафной также есть 6 манекенов, как показано на рисунке.

- В каждой позиции есть 2 игрока (1 синий и 1 желтый), которые формируют 2 команды из 10 полевых игроков для тренировки моделей.

- Две команды поочередно используют схемы, описанные Пепом Гвардиолой.

- Как только одна команда заканчивает, она возвращается на свои позиции, и следующая команда стартует.

Источник: тренировочное занятие Пепа Гвардиолы с «Манчестер Сити» на тренировочном поле «Этихад Кампус», Манчестер – 12 июля 2017

Шаблоны позиционных атак: 4-3-3 с инвертированными крайними защитниками

1. Оба атакующих полузащитника комбинируют в атаке через центр

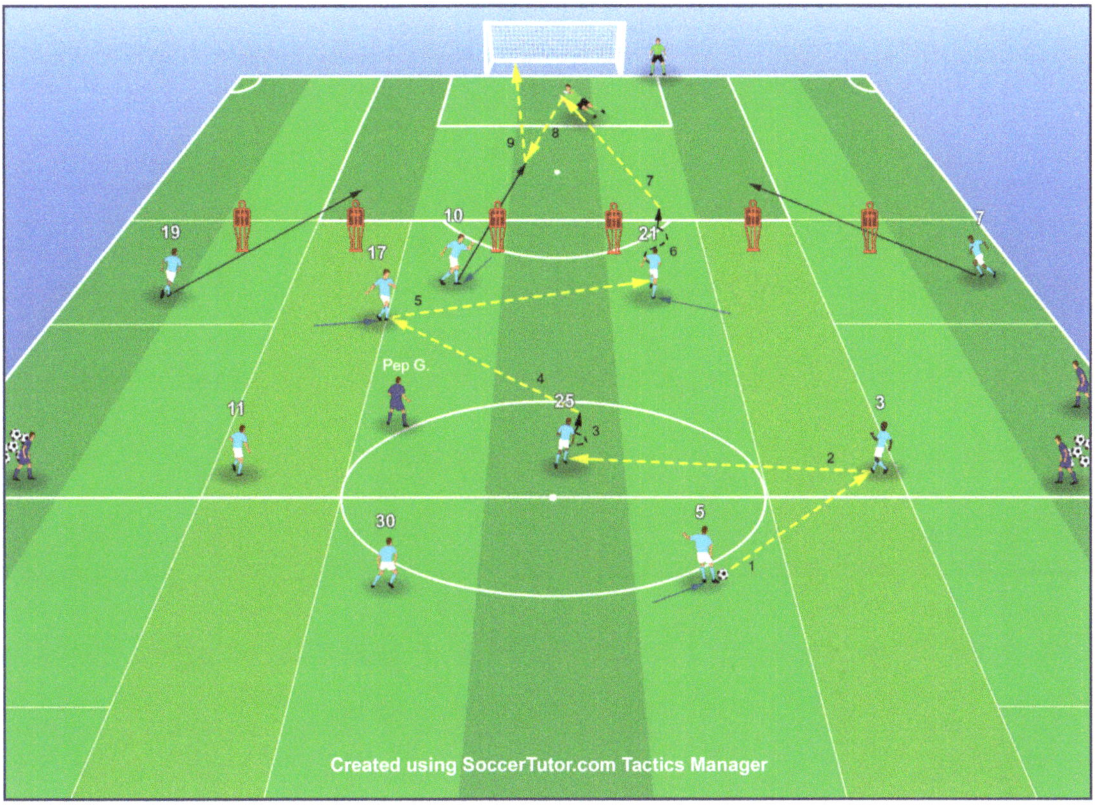

Описание

1. Правый центральный защитник (5) пасует инвертированному правому защитнику (3).

2. Правый защитник (3) пасует внутрь опорному полузащитнику (25).

3. Опорный полузащитник (25) получает мяч и двигается с ним вперед.

4. Опорный полузащитник (25) выполняет диагональный пас атакующему полузащитнику (17) в «полуфланг».

5. Атакующий полузащитник (17) немного смещается и отдаёт мяч другому атакующему полузащитнику (21) на ход.

6. Второй атакующий полузащитник (21) также смещается внутрь для приёма мяча и ведет его в штрафную площадь.

7. Второй атакующий полузащитник (21) пытается забить.

8. Нападающий (10) и оба вингера (19 и 7) бегут в штрафную площадь и готовы завершить любые подборы.

Источник: тренировочное занятие Пепа Гвардиолы с «Манчестер Сити» на тренировочном поле «Этихад Кампус», Манчестер – 12 июля 2017

Шаблоны позиционных атак: 4-3-3 с инвертированными крайними защитниками

2. Атакующий полузащитник смещается внутрь для приёма скидки от центрального нападающего и выполняет проникающий пас вингеру

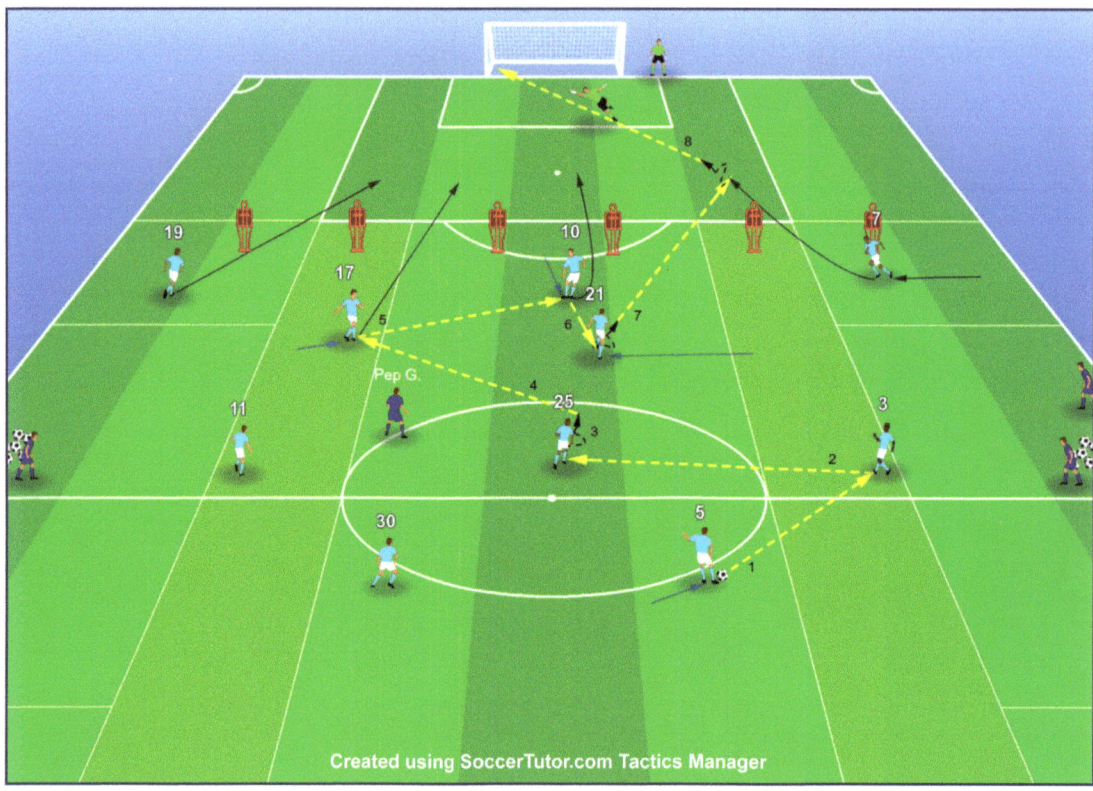

Описание

1. Правый центральный защитник (5) пасует инвертированному правому защитнику (3).

2. Правый защитник (3) пасует внутрь опорному полузащитнику (25).

3. Полузащитник (25) получает мяч и двигается с ним вперед.

4. Опорный полузащитник (25) выполняет диагональный пас атакующему полузащитнику (17) в "полуфланг".

5. Атакующий полузащитник (17) пасует нападающему (10) в центре.

6. Нападающий (10) скидывает мяч назад другому атакующему полузащитнику (21), который сместился в центр для приема мяча.

7. Второй атакующий полузащитник (21) получает мяч, подрабатывает его себе на ход, и отдаёт диагональный пас вингеру (7) за линию обороны соперника.

8. Вингер (7) получает мяч и пытается забить.

Источник: тренировочное занятие Пепа Гвардиолы с «Манчестер Сити» на тренировочном поле «Этихад Кампус», Манчестер – 12 июля 2017

Шаблоны позиционных атак: 4-3-3 с инвертированными крайними защитниками

3. Атакующий полузащитник принимает мяч в «полуфланге», ведёт мяч внутрь и выполняет проникающий пас вингеру

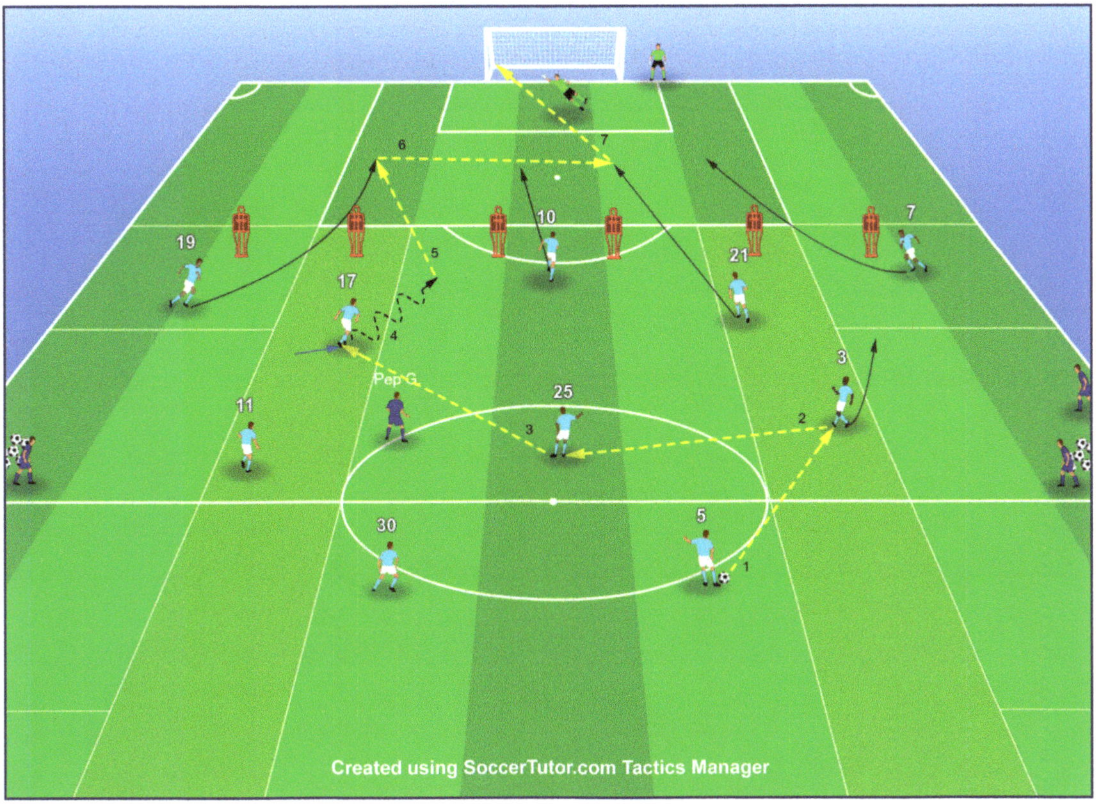

Описание

1. Правый центральный защитник (5) пасует инвертированному правому защитнику (3).

2. Правый защитник (3) пасует внутрь опорному полузащитнику (25).

3. Опорный полузащитник (25) выполняет диагональный пас атакующему полузащитнику (17) в «полуфланг».

4. Атакующий полузащитник (17) двигается внутрь и вперед с мячом.

5. Атакующий полузащитник (17) выполняет проникающий пас на ход левому вингеру (19).

6. Вингер (19) отдаёт мяч назад по диагонали для набегающих товарищей по команде. Атакующий полузащитник (21), нападающий (10) и другой вингер (7), бегут в штрафную площадь.

7. В этом примере мяч простреливается на атакующего полузащитника (21), чтобы забить из центральной зоны.

Источник: тренировочное занятие Пепа Гвардиолы с «Манчестер Сити» на тренировочном поле «Этихад Кампус», Манчестер – 12 июля 2017

Шаблоны позиционных атак: 4-3-3 с инвертированными крайними защитниками

4. Атакующий полузащитник смещается внутрь для приёма скидки от форварда, ведёт мяч в штрафную площадь и бьёт

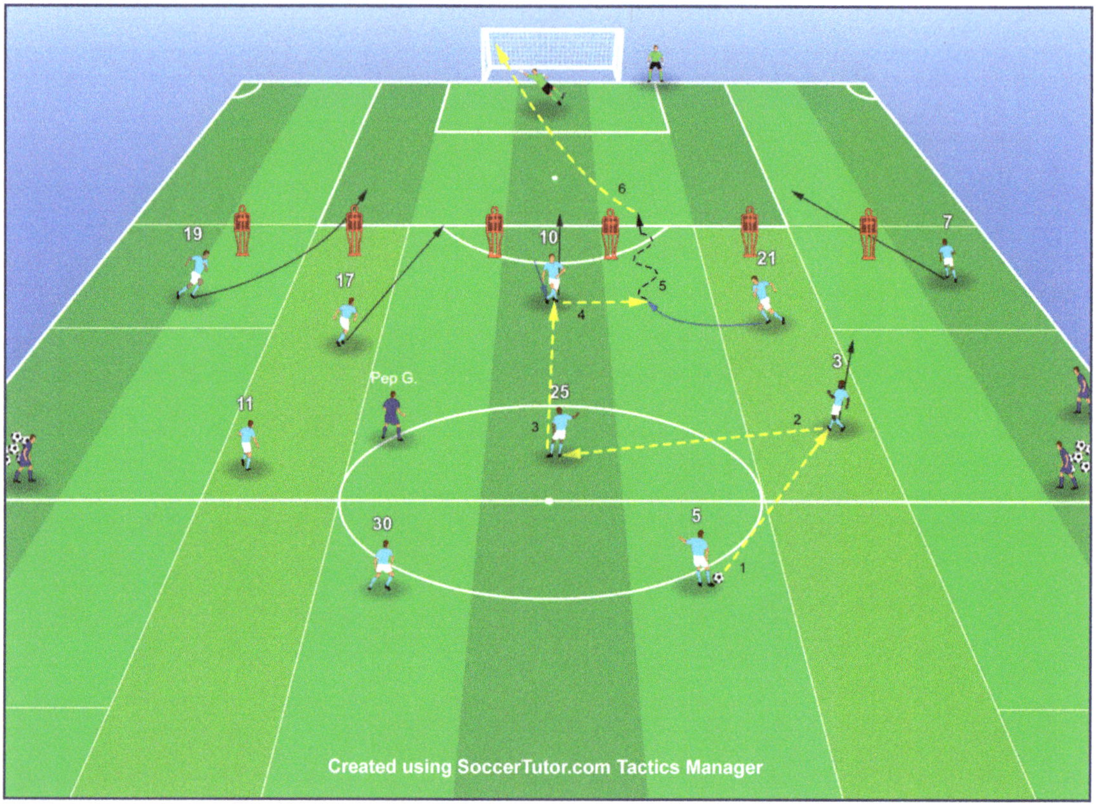

Описание

1. Правый центральный защитник (5) пасует инвертированному правому защитнику (3).

2. Правый защитник (3) пасует внутрь опорному полузащитнику (25).

3. Опорный полузащитник (25) пасует форварду (10), который слегка отступает назад.

4. Атакующий полузащитник (21) смещается в сторону, чтобы получить скидку от форварда.

5. Атакующий полузащитник (21) ведет мяч в штрафную (за линию обороны соперника).

6. Атакующий полузащитник (21) пытается забить.

Источник: тренировочное занятие Пепа Гвардиолы с «Манчестер Сити» на тренировочном поле «Этихад Кампус», Манчестер – 12 июля 2017

Шаблоны позиционных атак: 4-3-3 с инвертированными крайними защитниками

5. Атакующий полузащитник выполняет проникающий пас вингеру из полуфланга после скидки форварда

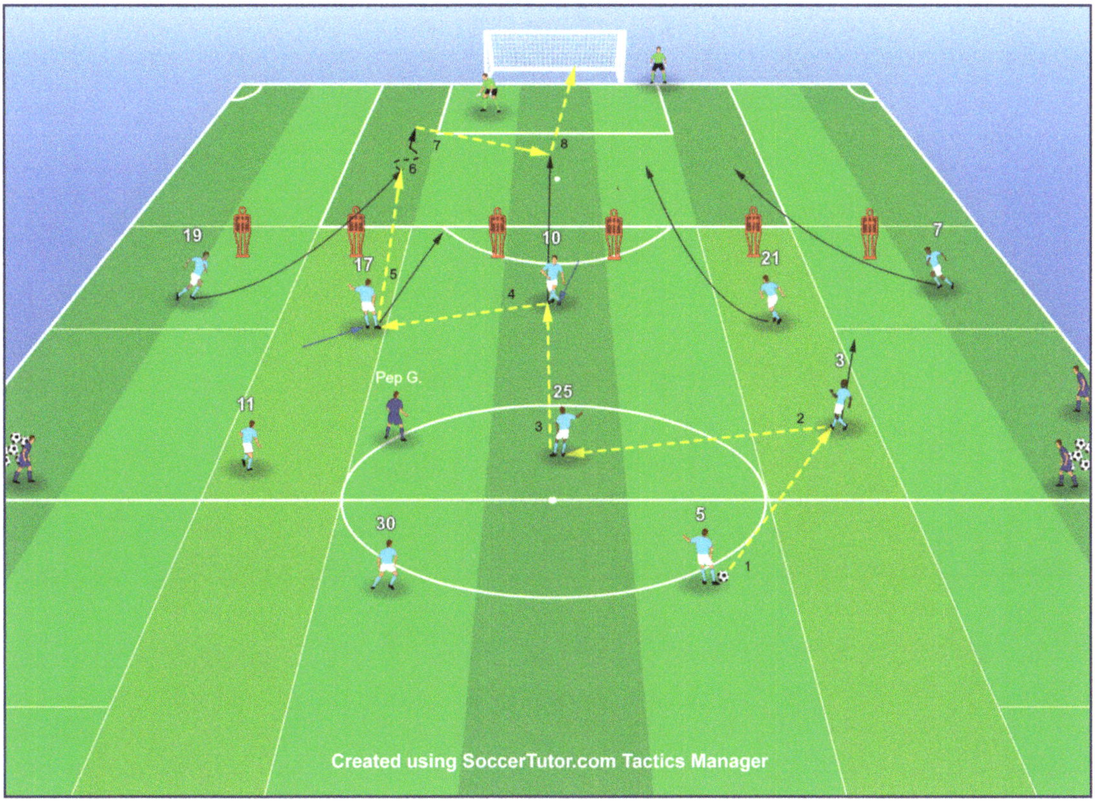

Описание

1. Правый центральный защитник (5) пасует инвертированному правому защитнику (3).

2. Правый защитник (3) пасует внутрь опорному полузащитнику (25).

3. Опорный полузащитник (25) пасует форварду (10), который слегка отступает назад.

4. Нападающий (10) пасует атакующему полузащитнику (17) в «полуфланг».

5. Атакующий полузащитник (17) выполняет проникающий пас на ход левому вингеру (19).

6. Вингер (19) двигается вперед с мячом.

7. Вингер (19) выполняет пас назад по диагонали для набегающих партнёров по команде. Атакующий полузащитник (21), нападающий (10) и другой вингер (7) бегут в штрафную площадь.

8. В этом примере мяч прострeливается на форварда (10), чтобы забить из центральной зоны.

Источник: тренировочное занятие Пепа Гвардиолы с «Манчестер Сити» на тренировочном поле «Этихад Кампус», Манчестер — 12 июля 2017

Шаблоны позиционных атак: 4-3-3 с инвертированными крайними защитниками

6. Опорный полузащитник пасует форварду + скидка атакующему полузащитнику для проникающего паса в штрафную площадь

Описание

1. Правый центральный защитник (5) пасует инвертированному правому защитнику (3).

2. Правый защитник (3) пасует внутрь опорному полузащитнику (25).

3. Опорный полузащитник (25) пасует форварду (10), который слегка отступает назад.

4. Атакующий полузащитник (21) смещается внутрь, чтобы получить скидку от форварда.

5. Атакующий полузащитник (21) выполняет проникающий пас между 2 центральными манекенами на ход диагональному открыванию другого атакующего полузащитника (17).

6. Второй атакующий полузащитник (17) принимает мяч внешней стороной стопы правой ноги.

7. Атакующий полузащитник (17) пытается забить.

Источник: тренировочное занятие Пепа Гвардиолы с «Манчестер Сити» на тренировочном поле «Этихад Кампус», Манчестер – 12 июля 2017

Шаблоны позиционных атак: 4-3-3 с инвертированными крайними защитниками

7. Пас крайнего защитника нападающему + скидка атакующему полузащитнику для проникающего паса в штрафную площадь

Описание

1. Правый центральный защитник (5) пасует инвертированному правому защитнику (3).

2. Правый защитник (3) делает касание вперёд и выполняет диагональный пас нападающему (10), который отступает назад.

3. Форвард (10) пасует атакующему полузащитнику (21), который двигается внутрь для приёма мяча.

4. Атакующий полузащитник (21) выполняет проникающий пас между 2 центральными манекенами на ход диагональному открыванию другого атакующего полузащитника (17).

5. Атакующий полузащитник (17) получает мяч внутри штрафной площади и пытается забить.

Источник: тренировочное занятие Пепа Гвардиолы с «Манчестер Сити» на тренировочном поле «Этихад Кампус», Манчестер – 12 июля 2017

Шаблоны позиционных атак: **4-3-3 с инвертированными крайними защитниками**

8. Диагональный пас верхом опорного полузащитника в штрафную площадь на ход вингеру + прострел назад по диагонали

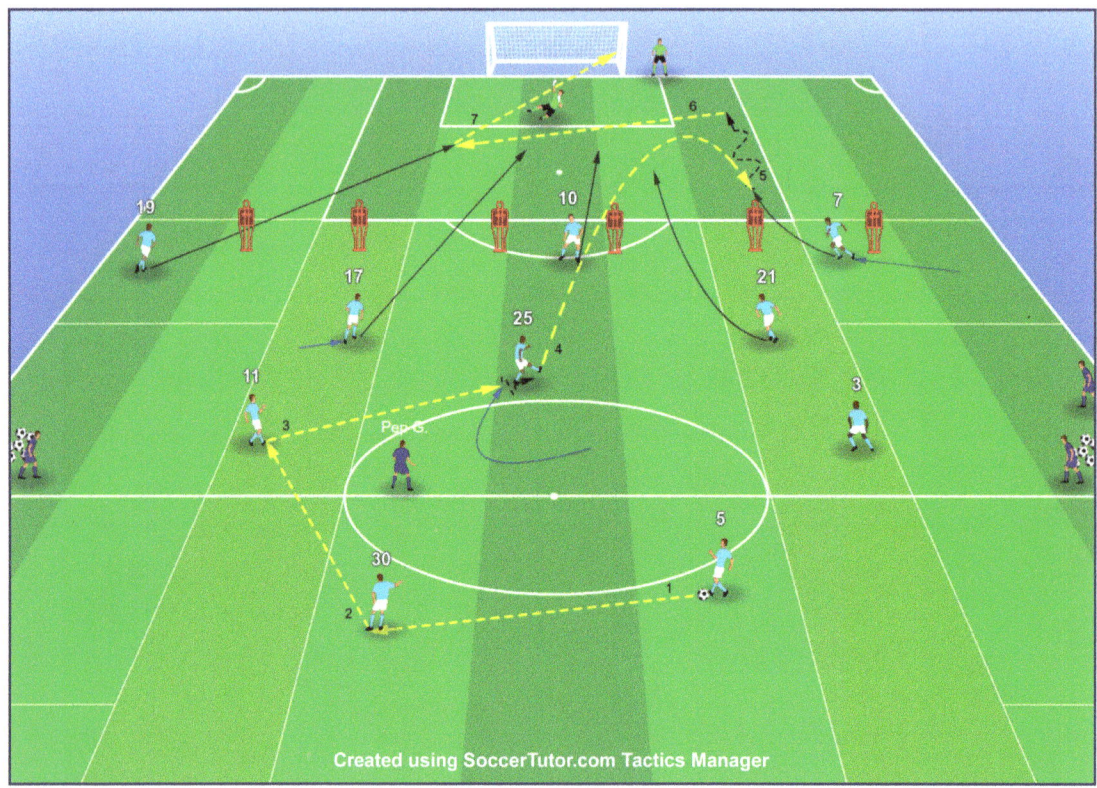

Описание

1. Правый центральный защитник (5) пасует левому центральному защитнику (30).

2. Левый центральный защитник (30) пасует инвертированному левому защитнику (11).

3. Левый защитник (11) пасует внутрь опорному полузащитнику (25), который двигается вперёд по дуге.

4. Опорный полузащитник (25) получает мяч, подрабатывает его и выполняет диагональный пас верхом в штрафную площадь на ход правому вингеру (7).

5. Вингер (7) получает мяч и двигается с ним вперед.

6. Вингер (7) выполняет передачу назад по диагонали для набегающих партнёров по команде. Атакующий полузащитник (17), нападающий (10) и вингер (19) бегут в штрафную площадь.

7. В этом примере мяч простреливается на вингера (19) с противоположного фланга, чтобы забить с дальней штанги.

Источник: тренировочное занятие Пепа Гвардиолы с «Манчестер Сити» на тренировочном поле «Этихад Кампус», Манчестер – 12 июля 2017

Шаблоны позиционных атак: **4-3-3 с инвертированными крайними защитниками**

Вариант тренировки шаблона позиционной атаки: добавляется 1 защитник и 2 манекена в полузащите

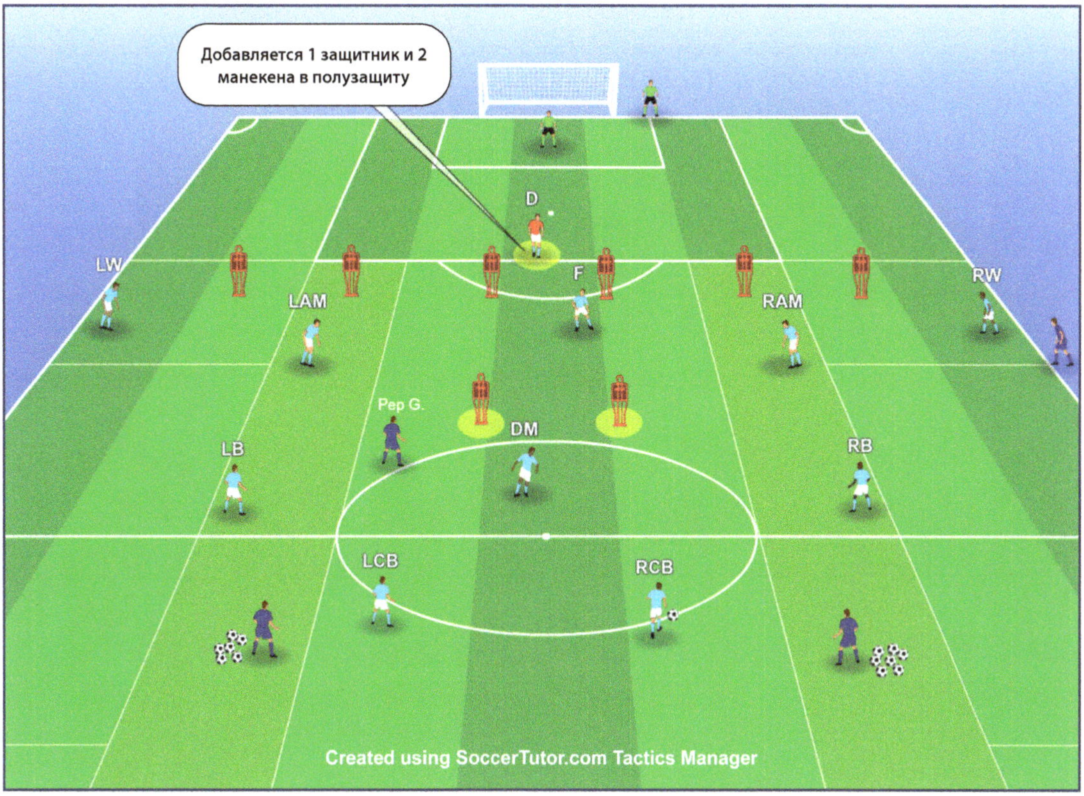

- Это пример показывает изменение упражнений для тренировки шаблонов позиционных атак Пепа Гвардиолы, отображаемых на предыдущих страницах. Завершению атак теперь противостоит 1 защитник, а также добавляются 2 манекена в полузащите.

- Игроки выполняют те же схемы, но теперь они сталкиваются с 1 защитником, когда пытаются завершить свою атаку в штрафной площади.

- Это может быть либо в ситуации 1 на 1 после получения мяча за линией обороны, либо защитник пытается перехватить прострел в центр.

- В этом варианте также добавлены 2 манекена в центре поля, чтобы создать более реалистичную ситуацию с препятствиями, блокирующими линии передач вперёд.

Источник: тренировочное занятие Пепа Гвардиолы с «Манчестер Сити» на тренировочном поле «Этихад Кампус», Манчестер – 8 мая 2018

Шаблоны позиционных атак: 4-3-3 с обычными крайними защитниками

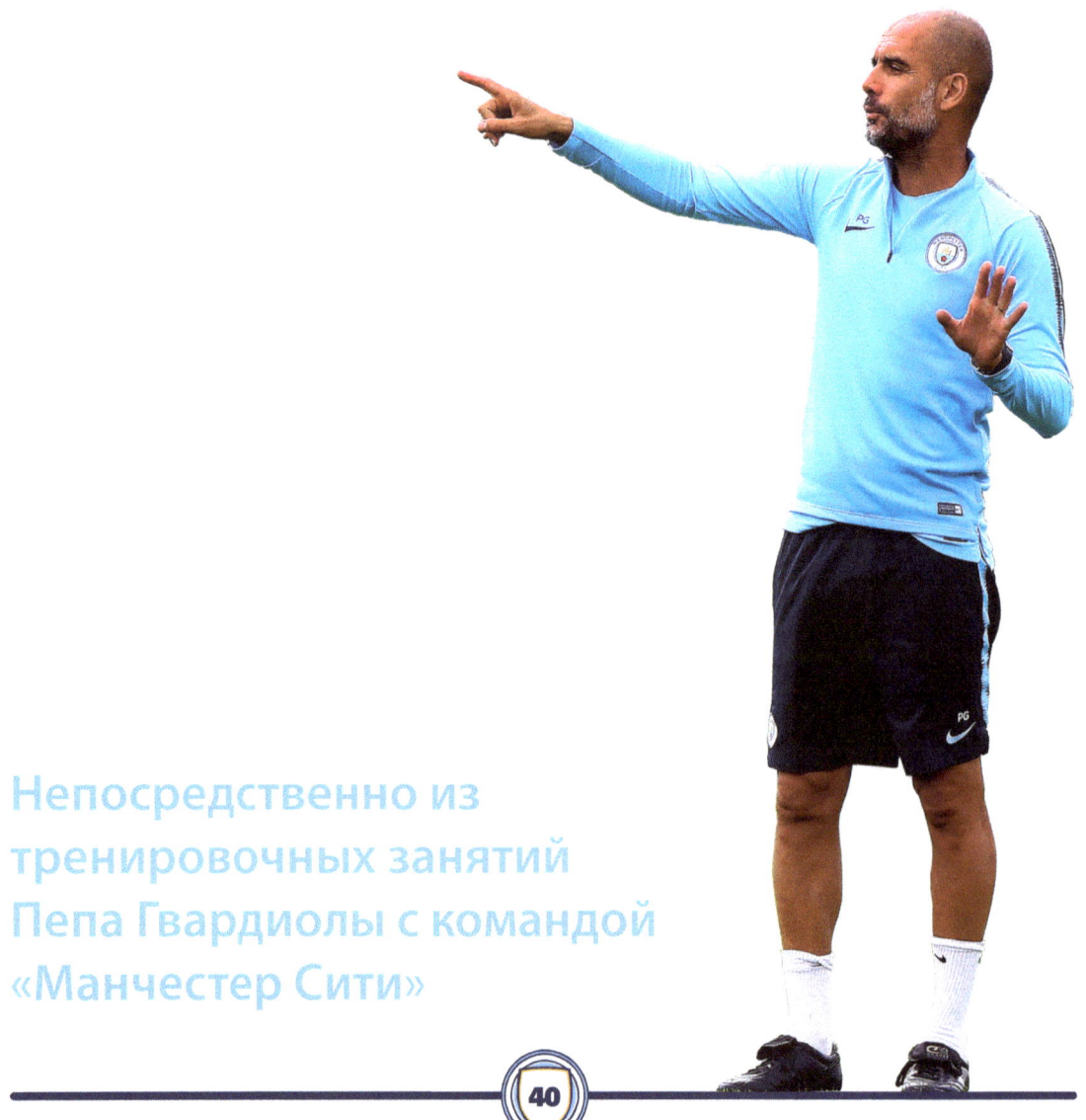

Непосредственно из тренировочных занятий Пепа Гвардиолы с командой «Манчестер Сити»

«Он гений, который читает игру и освещает все мыслимые ситуации. Он всегда показывает нам, как создавать пространство и находить решения, и нет такого менеджера, как он, что делает его, вероятно, лучшим в мире».

(Илкай Гюндоган)

Шаблоны позиционных атак: 4-3-3 с обычными крайними защитниками

МЕТОДИКА ОБУЧЕНИЯ ПЕПА ГВАРДИОЛЫ
(ОБЫЧНЫЕ КРАЙНИЕ ЗАЩИТНИКИ)

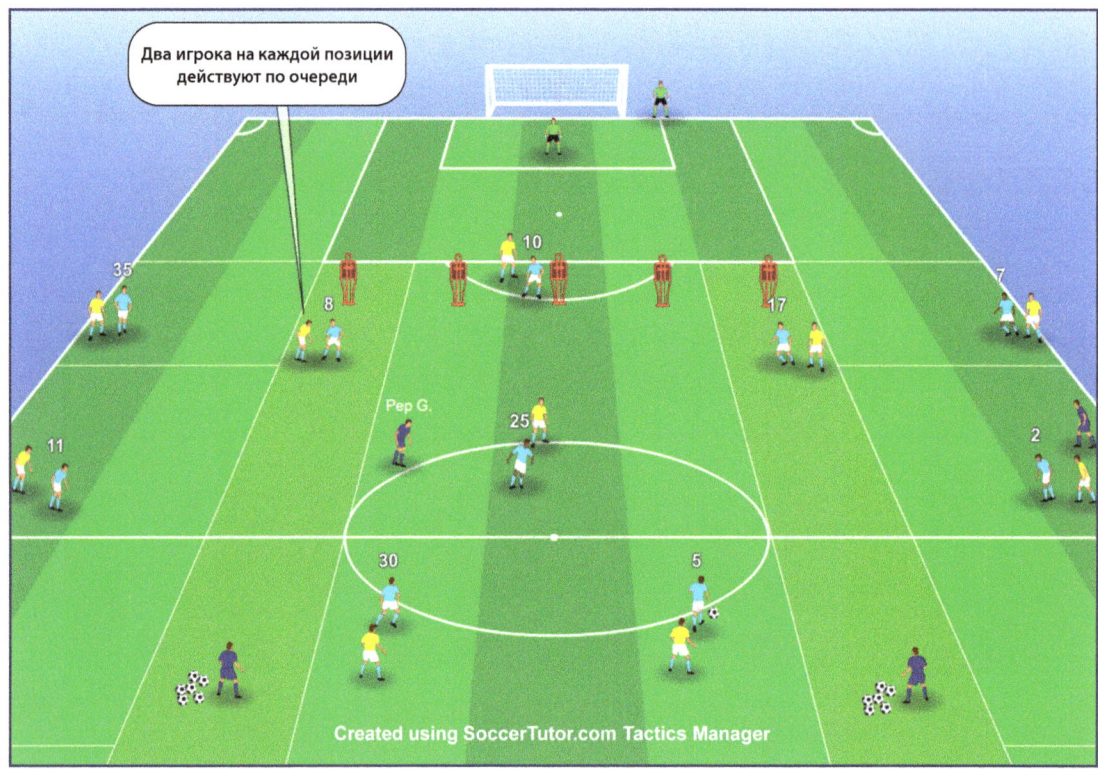

Два игрока на каждой позиции действуют по очереди

- На этой диаграмме показана методика Пепа Гвардиолы для тренировки шаблонов позиционных атак в схеме 4-3-3 с обычными крайними защитниками.
- Есть 5 манекенов, и они расположены узко, уже чем в предыдущих примерах в книге.
- На каждой позиции по 2 игрока (1 синий и 1 желтый), которые формируют 2 команды из 10 полевых игроков для выполнения упражнений. Две команды поочередно используют схемы, обозначенные Пепом Гвардиолой.
- Игроки также изменились по сравнению с предыдущими моделями:

- **30. Отаменди:** левый центральный защитник
- **5. Стоунз:** правый центральный защитник
- **11. Коларов:** левый защитник
- **2. Уокер:** правый защитник
- **25. Фернандиньо:** опорный полузащитник
- **8. Гюндоган:** левый атакующий полузащитник
- **17. Де Брюйне:** правый атакующий полузащитник
- **35. Зинченко:** левый вингер
- **7. Стерлинг:** правый вингер
- **10. Агуэро:** форвард

Источник: предсезонное тренировочное занятие Пепа Гвардиолы с «Манчестер Сити» на стадионе НРГ, Хьюстон, Техас, США – 20 июля 2017

Шаблоны позиционных атак: **4-3-3 с обычными крайними защитниками**

1. Пас от опорного полузащитника нападающему и скидка атакующему полузащитнику для проникающего паса вингеру

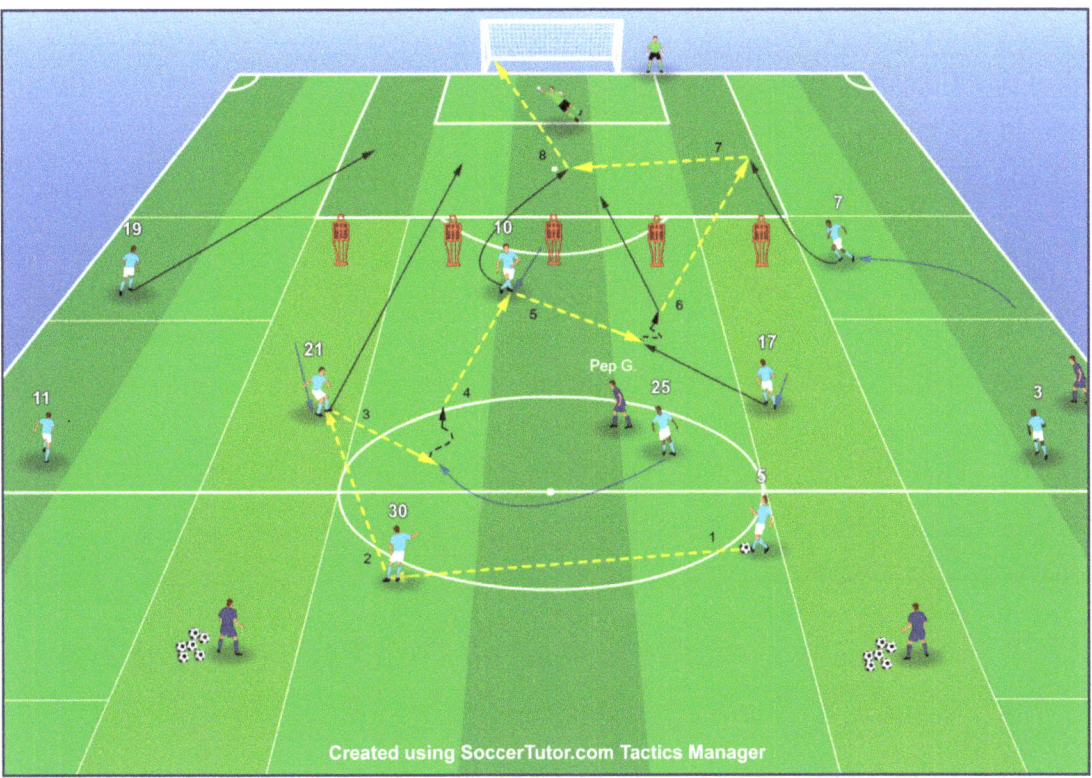

Описание

1. Правый центральный защитник (5) пасует левому центральному защитнику (30).

2. Левый центральный защитник (30) пасует атакующему полузащитнику (21) в «полуфланг».

3. Опорный полузащитник (25) смещается (по дуге), чтобы получить мяч после скидки атакующего полузащитника.

4. Опорный полузащитник (25) двигается вперед с мячом и пасует нападающему (10).

5. Нападающий (10) скидывает мяч назад другому атакующему полузащитнику (17), который смещается вперед и внутрь, чтобы получить мяч в центре.

6. Второй атакующий полузащитник (17) получает мяч, подрабатывает его и выполняет проникающий диагональный пас вингеру (7).

7. Вингер (7) получает мяч и выполняет передачу назад по диагонали для набегающих партнёров по команде.

8. Атакующий полузащитник (21), оба вингера (19 и 7) и форвард (10) бегут в штрафную площадь, чтобы попытаться забить. Форвард (10) забивает в этом примере.

Источник: предсезонное тренировочное занятие Пепа Гвардиолы с «Манчестер Сити» на стадионе НРГ, Хьюстон, Техас, США – 20 июля 2017

Шаблоны позиционных атак: 4-3-3 с обычными крайними защитниками

2. Нападающий пропускает мяч после паса опорного полузащитника, чтобы атакующий полузащитник мог набежать и забить

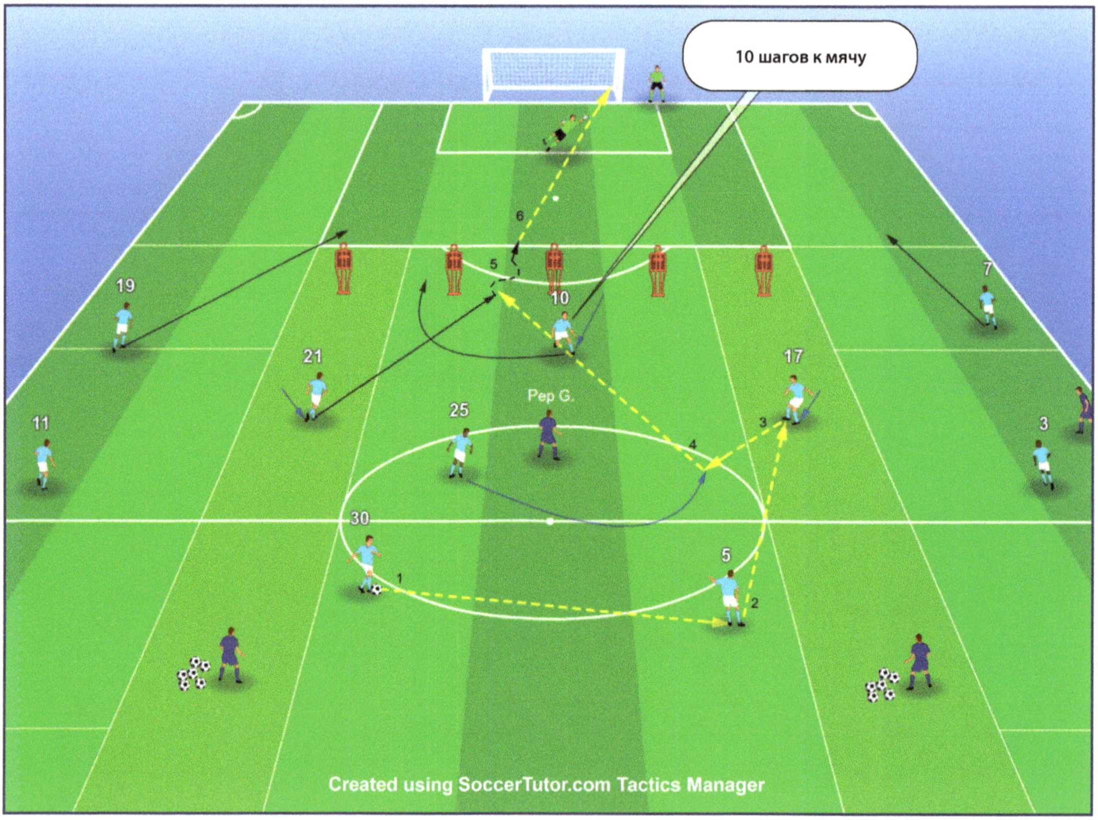

10 шагов к мячу

Описание

1. Левый центральный защитник (30) пасует правому центральному защитнику (5).

2. Правый центральный защитник (5) пасует атакующему полузащитнику (17) в «полуфланг».

3. Опорный полузащитник (25) смещается (по дуге), чтобы получить мяч после скидки.

4. Опорный полузащитник (25) пасует нападающему (10). Однако форвард пропускает мяч («пустышка»).

5. Другой атакующий полузащитник (21) с левой стороны принимает пропущенный нападающим мяч и двигается вперёд.

6. Атакующий полузащитник (21) бьёт по воротам.

Источник: предсезонное тренировочное занятие Пепа Гвардиолы с «Манчестер Сити» на стадионе НРГ, Хьюстон, Техас, США – 20 июля 2017

ПЕП ГВАРДИОЛА: УПРАЖНЕНИЯ ИЗ ТРЕНИРОВОК ПЕПА - Ч.1

Шаблоны позиционных атак: 4-3-3 с обычными крайними защитниками

3. После передачи опорного полузащитника нападающий выполняет проникающий пас на третьего для атакующего полузащитника

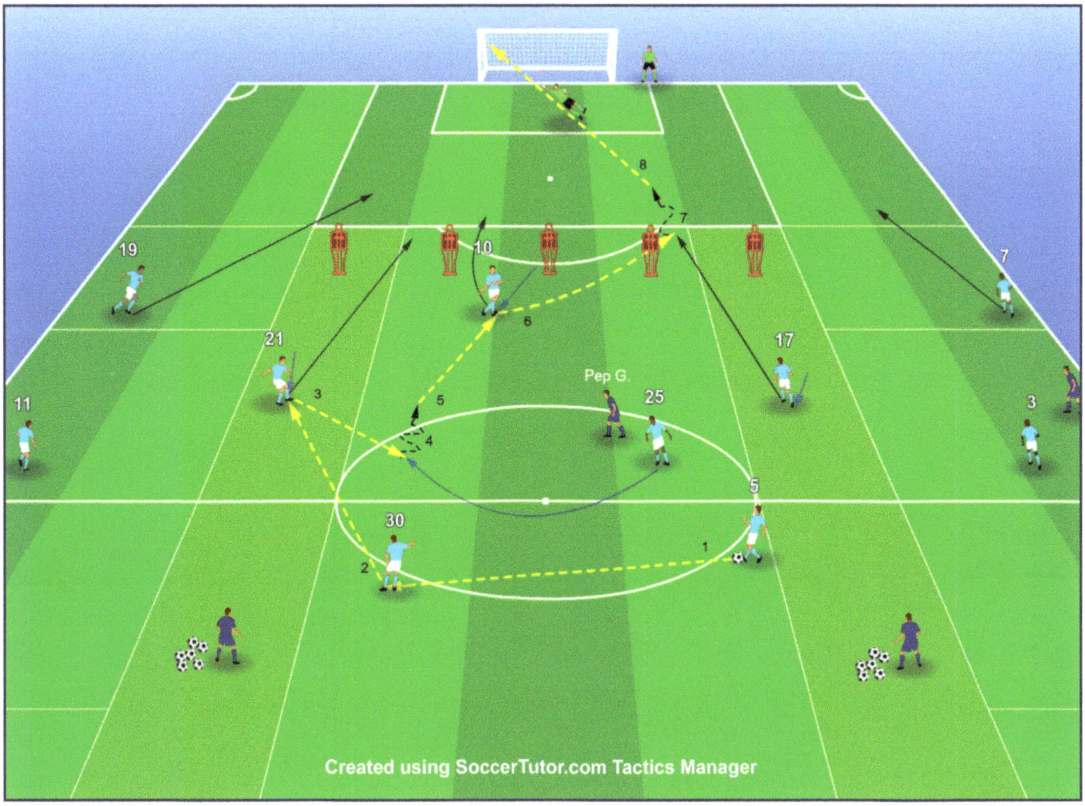

Описание

1. Правый центральный защитник (5) пасует левому центральному защитнику (30).

2. Левый центральный защитник (30) пасует атакующему полузащитнику (21) в «полуфланг».

3. Опорный полузащитник (25) смещается (по дуге), чтобы получить мяч после скидки.

4. Опорный полузащитник (25) двигается вперед с мячом.

5. Опорный полузащитник (25) пасует нападающему (10).

6. Нападающий (10) отступает назад и первым касанием выполняет проникающий пас на третьего для другого атакующего полузащитника (17).

7. Атакующий полузащитник (17) врывается с мячом в штрафную площадь.

8. Атакующий полузащитник (17) бьёт.

Источник: предсезонное тренировочное занятие Пепа Гвардиолы с «Манчестер Сити» на стадионе НРГ, Хьюстон, Техас, США – 20 июля 2017

Шаблоны позиционных атак: **4-3-3 с обычными крайними защитниками**

4. Комбинационная игра опорного полузащитника в центре + диагональный пас верхом левому вингеру за линию обороны соперника

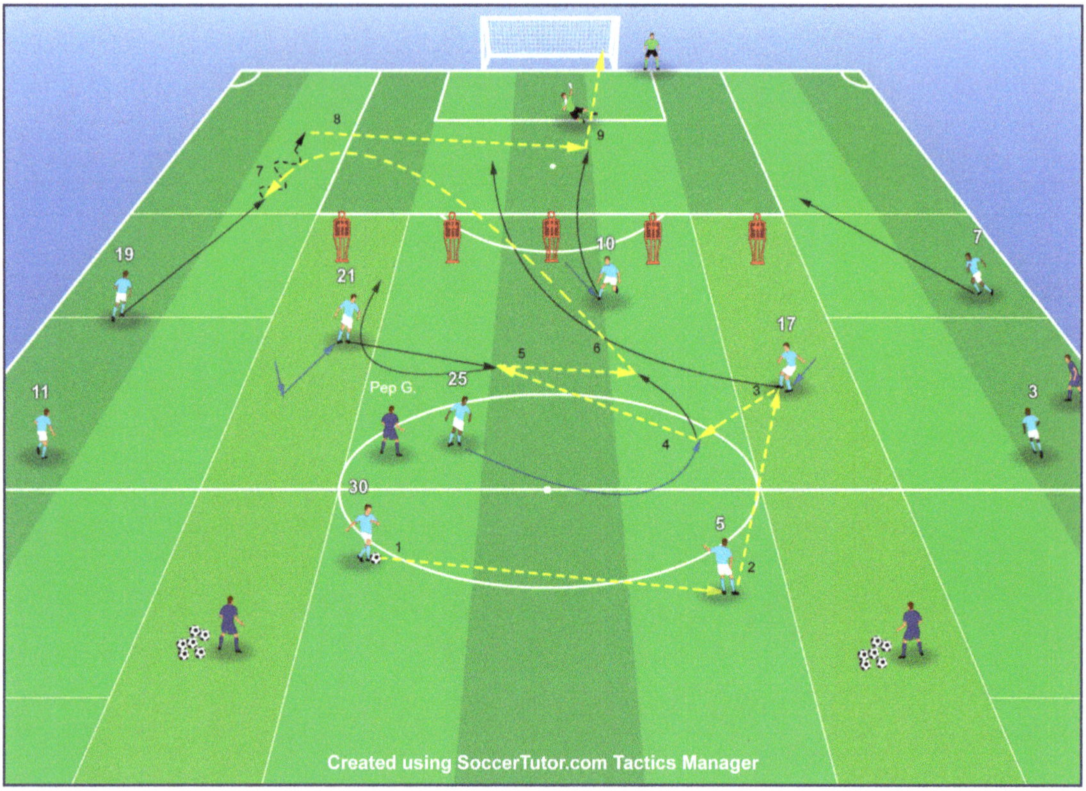

Описание

1. Левый центральный защитник (30) пасует правому центральному защитнику (5).
2. Правый центральный защитник (5) пасует атакующему полузащитнику (17) в «полуфланг».
3. Опорный полузащитник (25) смещается (по дуге), чтобы получить мяч после скидки.
4. Опорный полузащитник (25) пасует атакующему полузащитнику (21) с левой стороны, который смещается в центральную зону для приема мяча.
5. Опорный полузащитник (25) двигается вперед, чтобы ещё раз получить мяч после скидки.
6. Опорный полузащитник (25) выполняет диагональный пас верхом за линию обороны соперника левому вингеру (19).
7. Вингер (19) ведет мяч вперед.
8. Вингер (19) прострeливает низом в штрафную площадь для набегающих партнёров по команде.
9. Нападающий (10) забивает из центральной позиции.

Источник: предсезонное тренировочное занятие Пепа Гвардиолы с «Манчестер Сити» на стадионе НРГ, Хьюстон, Техас, США – 20 июля 2017

Шаблоны позиционных атак (4-3-3)

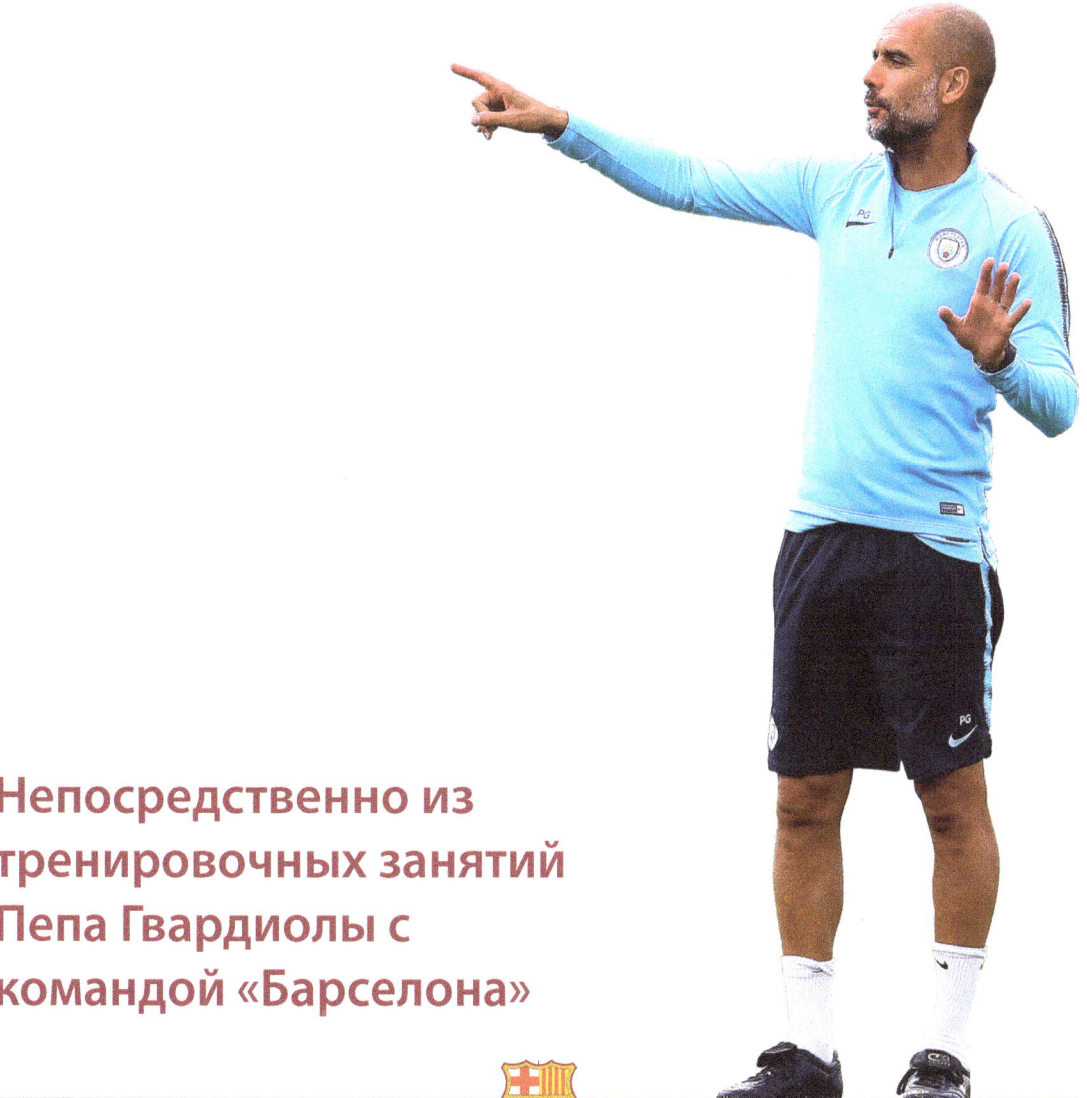

Непосредственно из тренировочных занятий Пепа Гвардиолы с командой «Барселона»

«Меня воспитывал уникальный мастер. Я вырос с Пепом как игрок и многому научился у него. Некоторые менеджеры - превосходные тактики, но Пеп также объяснял движение, которое ты должен был сделать на поле, и что тогда произойдет. И это происходило!»

(Лионель Месси)

Пеп Гвардиола: Шаблоны позиционных атак (4-3-3)

РАССТАНОВКА «БАРСЕЛОНЫ» ПЕПА ГВАРДИОЛЫ (4-3-3)

- **4:** Левый центральный защитник
- **5:** Правый центральный защитник
- **3:** Левый защитник
- **2:** Правый защитник
- **6:** Опорный полузащитник
- **10:** Левый атакующий полузащитник
- **8:** Правый атакующий полузащитник
- **11:** Левый вингер
- **7:** Правый вингер
- **9:** Форвард

Источник: тренировочное занятие Пепа Гвардиолы с командой «Барселона-Б» (2007-2008)

ВЫБОР ПОЗИЦИИ И ПРИЁМ МЯЧА В «ПОЛУФЛАНГАХ» (4-3-3)

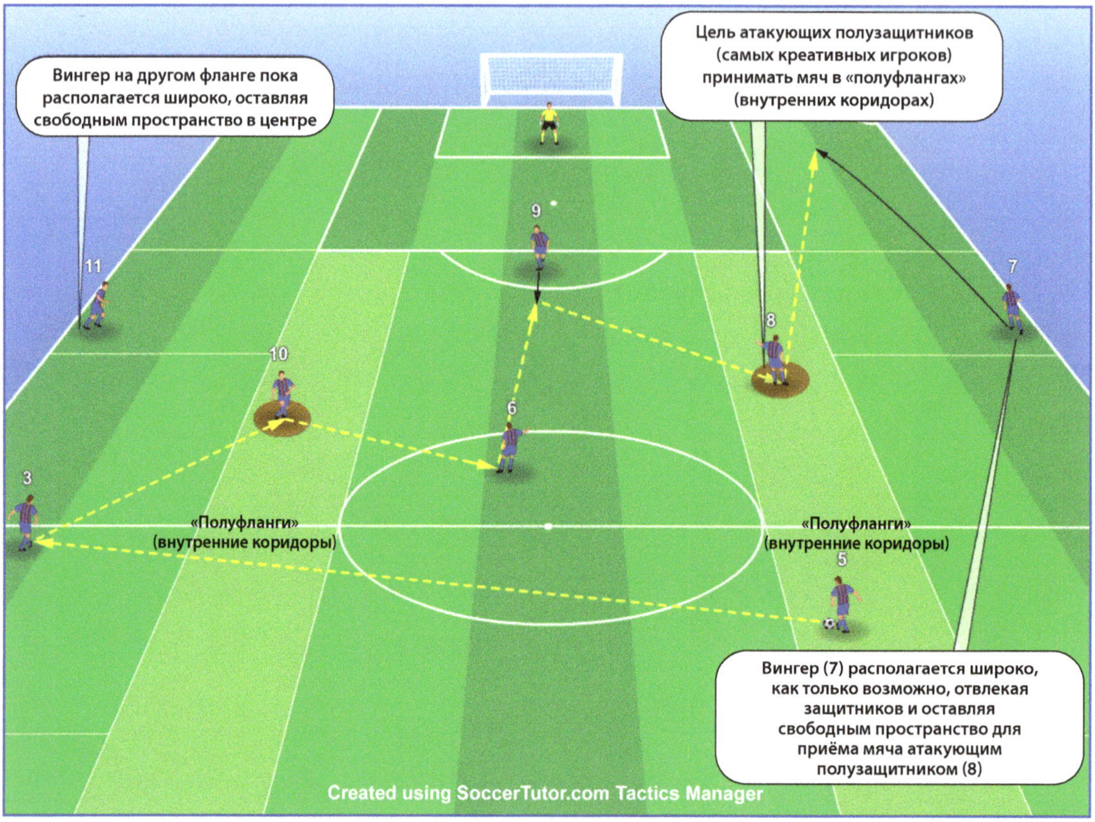

- Если атакующие полузащитники получают мяч без опеки в «полуфлангах» и могут развернуться, то затем они пытаются выполнить последний проникающий пас.

- Пеп Гвардиола хочет, чтобы его вингеры (7 и 11) располагались широко, отвлекая защитников и освобождая пространство для своих атакующих полузащитников, которые могут получить мяч в «полуфланге» и развернуться лицом к чужим воротам без опеки.

- В этом примере «Барселона» использует построение 4-3-3, и полузащитник (6) пасует нападающему (9), который падает назад и пасует атакующему полузащитнику (8) в «полуфланге».

- Атакующий полузащитник (8) может выполнить проникающий пас за линию обороны соперника.

- В примере на диаграмме атакующий полузащитник (8) делает проникающий пас на ход вингеру (7).

- После этого правый вингер (7) может выполнить подачу или пас назад по диагонали для набегающих партнеров по команде, которые своевременно бегут в штрафную площадь.

Источник: тренировочное занятие Пепа Гвардиолы с командой «Барселона-Б» (2007-2008)

Пеп Гвардиола: Шаблоны позиционных атак (4-3-3)

1. Перевод мяча с одного фланга на другой, используя короткие и средние передачи. Вингер получает мяч высоко за линией обороны

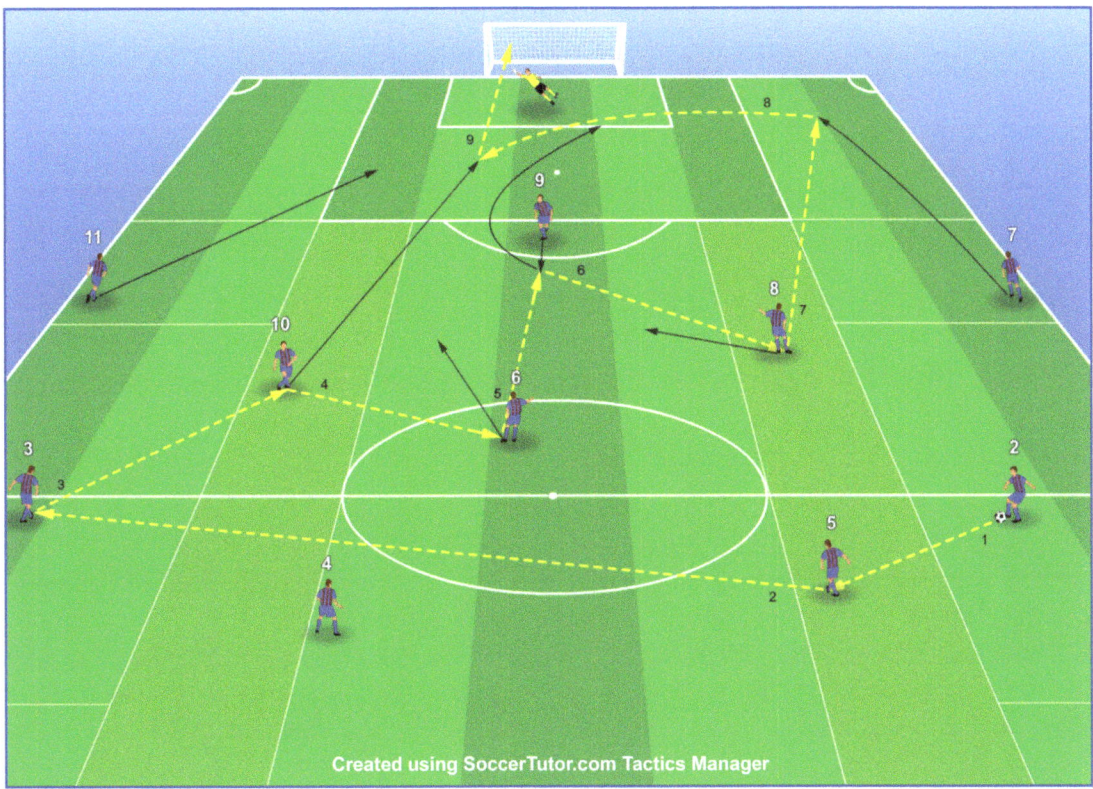

Описание

1. Правый защитник (2) пасует внутрь центральному защитнику (5).
2. Центральный защитник (5) пасует напрямую левому защитнику (3), пропуская другого центрального защитника (4).
3. Левый защитник (3) пасует атакующему полузащитнику (10), который получает мяч в пределах "полуфланга".
4. Атакующий полузащитник (10) пасует внутрь полузащитнику (6) в центре.
5. Полузащитник (6) пасует вперед нападающему (9), который отступает назад.
6. Нападающий (9) выполняет скидку назад на другого атакующего полузащитника (8), который также получает мяч в пределах "полуфланга".
7. Пеп Гвардиола хочет, чтобы его лучшие и самые креативные игроки получали мяч в "полуфлангах" - отсюда № 8 может выполнить проникающий пас на ход правому вингеру (7).
8. Вингер (7) простреливает для набегающих партнёров по команде.

Источник: тренировочное занятие Пепа Гвардиолы с командой «Барселона-Б» (2007-2008)

Пеп Гвардиола: Шаблоны позиционных атак (4-3-3)

2. Смена направления атаки длинной передачей верхом. Вингер получает мяч и ведёт его вперёд

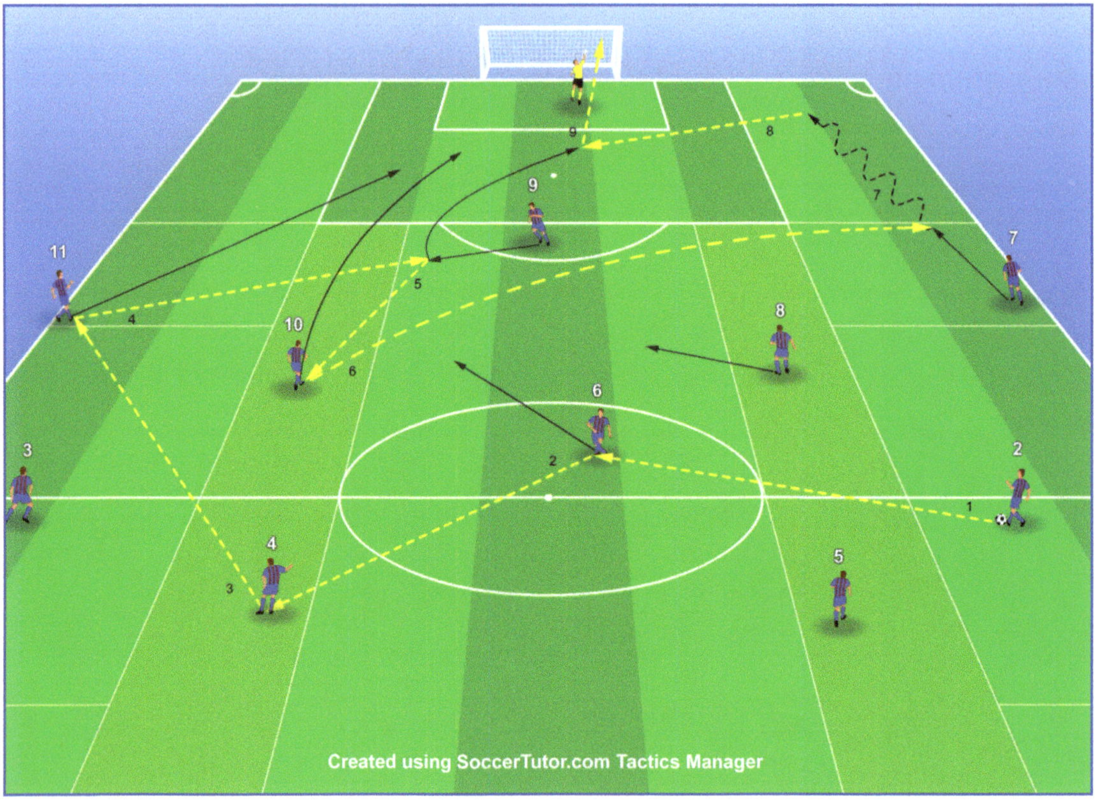

Описание

1. Правый защитник (2) пасует внутрь полузащитнику (6) в центре.

2. Полузащитник (6) пасует назад левому центральному защитнику (4).

3. Левый центральный защитник (4) выполняет средний пас на фланг вингеру (11).

4. Вингер (11) пасует внутрь форварду (9), который двигается поперёк, для приёма мяча.

5. Нападающий (9) пасует назад, чтобы атакующий полузащитник (10) получил мяч в «полуфланге».

6. После комбинационной игры на одном фланге, цель теперь состоит в том, чтобы быстро переместить мяч на слабый фланг и использовать всю ширину поля. Атакующий полузащитник (10) выполняет длинную передачу вингеру на другой фланг (7).

7. Вингер (7) ведёт мяч вперёд.

8. Вингер (7) простреливает для набегающих партнёров по команде.

Источник: тренировочное занятие Пепа Гвардиолы с командой «Барселона-Б» (2007-2008)

Пеп Гвардиола: Шаблоны позиционных атак (4-3-3)

3. Атака через центр с передачей верхом на третьего за линию обороны и подключением атакующего полузащитника

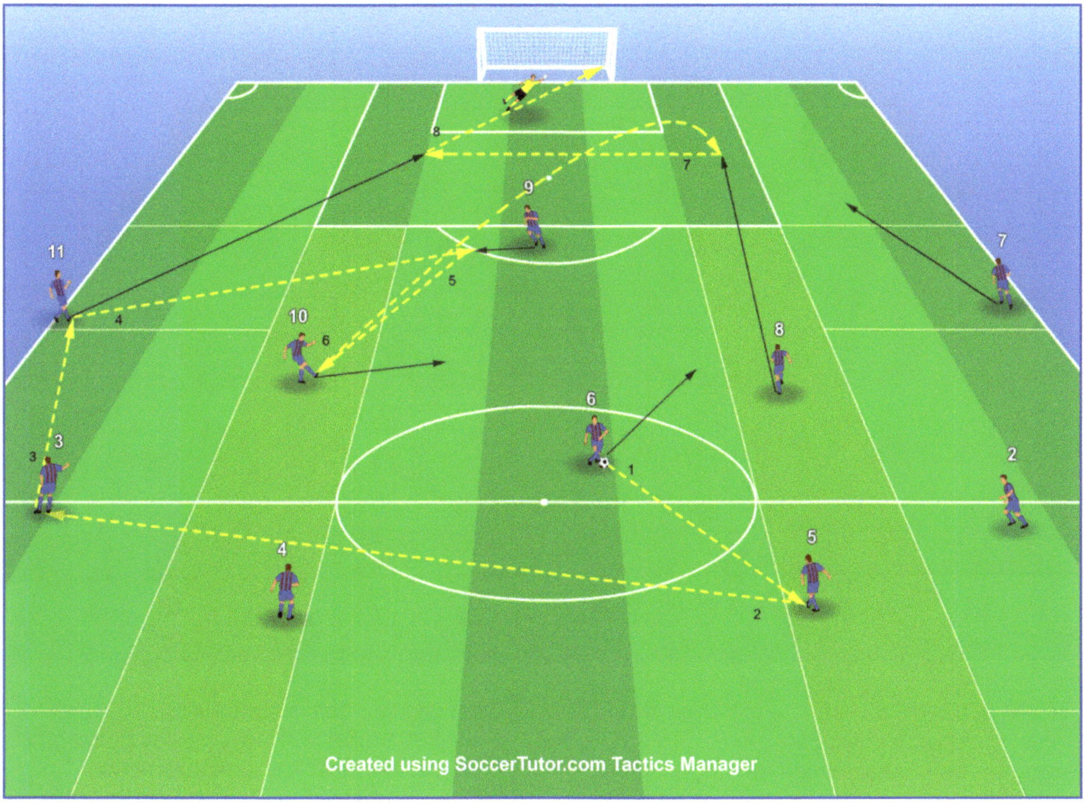

Описание

1. Полузащитник (6) пасует назад правому центральному защитнику (5).

2. Правый центральный защитник (5) пасует левому защитнику (3), избегая другого центрального защитника (4).

3. Левый защитник (3) пасует вперед вингеру (11) на край.

4. Вингер (11) пасует внутрь форварду (9), который двигается поперек, для приёма мяча.

5. Нападающий (9) выполняет скидку назад атакующему полузащитнику (10), который получает мяч в пределах "полуфланга".

6. Другой атакующий полузащитник (8) бежит в штрафную площадь, и № 10 выполняет своевременный диагональный пас верхом ему на ход за спину защитникам.

7. Атакующий полузащитник (8) подаёт (простреливает назад по диагонали), на набегающего вингера (11).

Источник: тренировочное занятие Пепа Гвардиолы с командой «Барселона-Б» (2007-2008)

Пеп Гвардиола: Шаблоны позиционных атак (4-3-3)

4. Комбинация со своевременным движением, приёмом мяча в углу поля, подачей и завершением

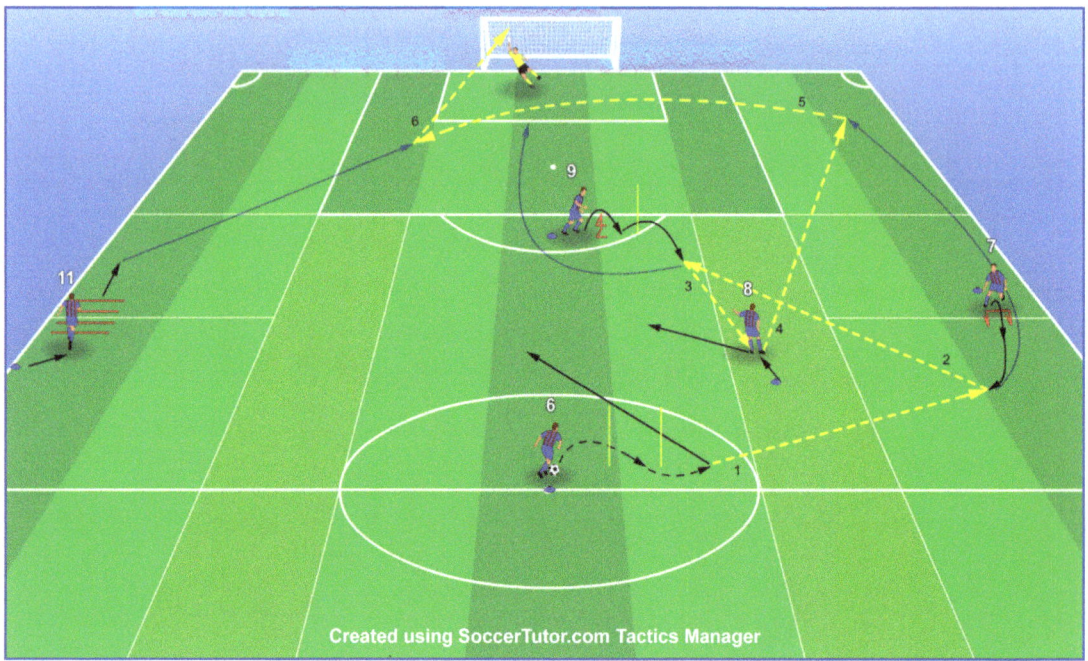

Задача: высокая скорость перемещения мяча, своевременное движение, концентрация и завершение.

Описание

1. Опорный полузащитник (6) проводит мяч между стоек, пасует вингеру (7) и бежит вперед и в центр.

2. Правый вингер (7) перепрыгивает через барьер, возвращается назад, чтобы получить пас от опорного полузащитника (6), и выполняет диагональный пас нападающему (9). Затем он бежит вперёд по флангу.

3. Форвард (9) перепрыгивает через барьер, бежит вокруг стойки, чтобы получить мяч от вингера (7) и скинуть его назад атакующему полузащитнику (8). Затем он бежит по дуге в штрафную площадь.

4. Атакующий полузащитник (8) двигается вперед, чтобы получить мяч от форварда (9), и выполняет пас в направлении углового флага на ход вингеру (7). Затем он двигается внутрь.

5. Правый вингер (7) получает мяч в выдвинутой позиции после «забегания» по флангу и выполняет подачу в штрафную площадь.

6. Левый вингер (11) прыгает через лежащие стойки и бежит к дальней штанге, чтобы попытаться забить после подачи.

Все игроки меняют позиции. Обеспечить достаточное время на восстановление, чтобы каждый шаблон атаки выполнялся на высокой скорости. Этот шаблон также может быть выполнен на другом фланге.

Источник: тренировочное занятие Пепа Гвардиолы с командой «Барселона-Б» (2007-2008)

Пеп Гвардиола: Шаблоны позиционных атак (4-3-3)

5. Своевременное движение в комбинации со сменой направления атаки, подачей и завершением

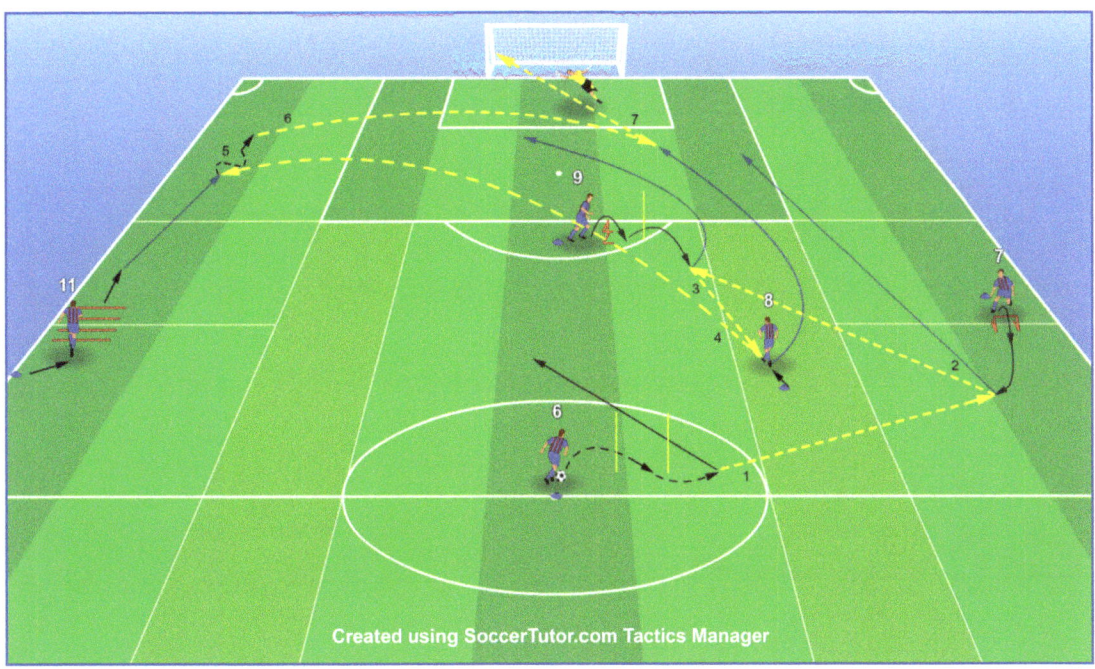

Задача: высокая скорость перемещения мяча, своевременное движение, концентрация и завершение.

Описание

1. Опорный полузащитник (6) проводит мяч между стоек, пасует вингеру (7) и бежит вперед и в центр.

2. Правый вингер (7) перепрыгивает через барьер, возвращается назад, чтобы получить мяч от опорного полузащитника (6), и выполняет диагональный пас нападающему (9). Затем он бежит в направлении дальней штанги.

3. Форвард (9) перепрыгивает через барьер, бежит вокруг стойки, чтобы получить пас от вингера (7) и скидывает мяч обратно атакующему полузащитнику (8). Затем он бежит по дуге на ближнюю штангу.

4. Атакующий полузащитник (8) двигается вперед, чтобы получить скидку от форварда (9), и переводит мяч диагональным пасом верхом на левого вингера (11). Затем он бежит по дуге между двумя другими игроками.

5. Левый вингер (11) прыгает через лежащие стойки, бежит вперед, чтобы принять мяч после длинной передачи, и выполняет подачу в штрафную площадь.

Все игроки меняют позиции. Обеспечить достаточное время для восстановления, чтобы каждый шаблон атаки выполнялся на высокой скорости. Этот шаблон также может быть выполнен на другом фланге.

Источник: тренировочное занятие Пепа Гвардиолы с командой «Барселона-Б» (2007-2008)

6. Атакующая комбинация с участием 4 игроков на левом фланге с проникающим пасом, подачей и завершением

Это более сфокусированный шаблон, где вингер начинает с мячом на половине поля противника. В комбинации участвуют 4 игрока: левый защитник (3), атакующий полузащитник (10), вингер (11) и нападающий (9).

Описание

1. Левый вингер (11) спиной к чужим воротам отдаёт мяч назад левому защитнику (3).
2. Левый защитник (3) пасует по диагонали нападающему (9).
3. Нападающий (9) скидывает мяч атакующему полузащитнику (10) и затем начинает движение в направлении штрафной площади.
4. Атакующий полузащитник (10) делает более длинный проникающий пас в направлении углового флага на ход левому вингеру (11).
5. Левый вингер (11) подает в центр штрафной для своевременно набегающего форварда (9), который пытается забить.

Источник: тренировочное занятие Пепа Гвардиолы с командой «Барселона-Б» (2007-2008)

Пеп Гвардиола: Шаблоны позиционных атак (4-3-3)

7. Атакующая комбинация с участием 4 игроков на правом фланге с проникающим пасом, подачей и завершением

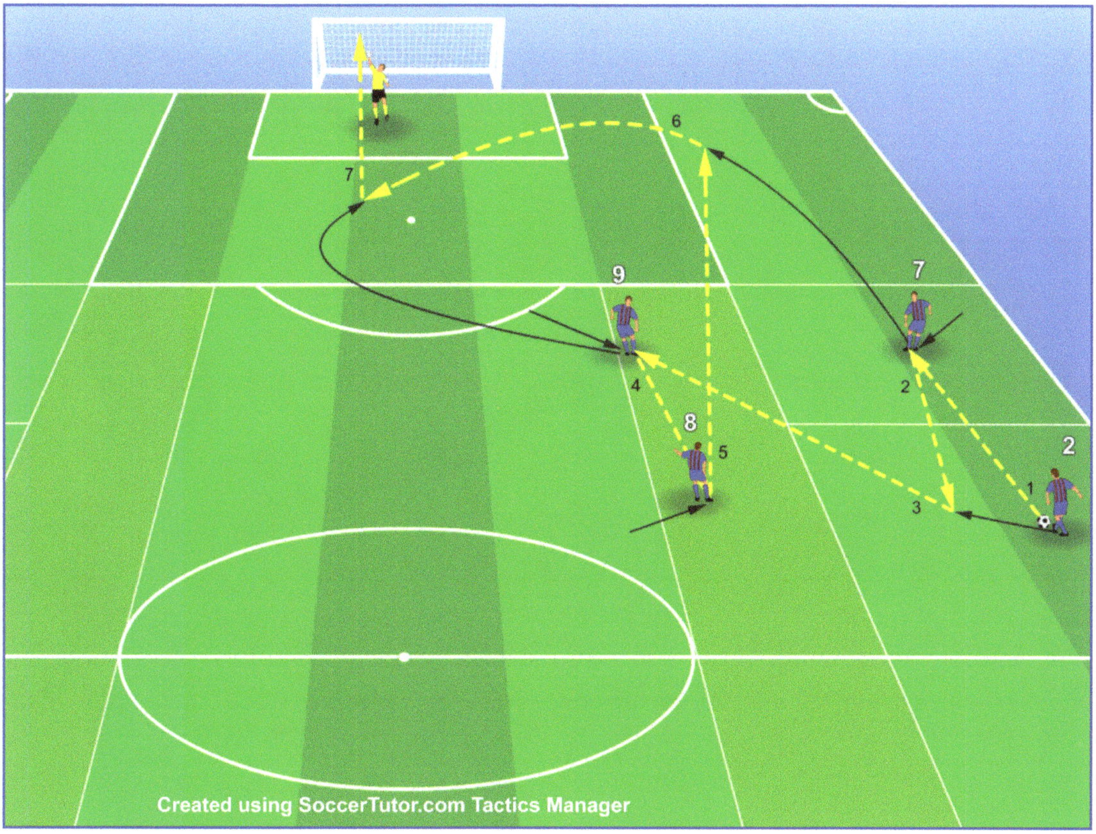

Это более сфокусированный шаблон, где крайний защитник начинает с мячом на половине поля соперника. В комбинации участвуют 4 игрока: правый защитник (2), атакующий полузащитник (8), вингер (7) и нападающий (9).

Описание

1. Правый защитник (2) пасует вперед правому вингеру (7) и смещается внутрь.

2. Правый вингер (7) возвращает мяч обратно правому защитнику (2), чтобы завершить комбинацию стенка, а затем разворачивается, чтобы бежать вперед.

3. Правый защитник (2) пасует нападающему (9).

4. Нападающий (9) скидывает мяч атакующему полузащитнику (8) и затем начинает движение в направлении штрафной площади.

5. Атакующий полузащитник (8) делает более длинный проникающий пас в направлении углового флага на ход правому вингеру (7).

6. Правый вингер (7) выполняет подачу в центр штрафной площади для своевременно набегающего форварда (9), который пытается забить.

Источник: тренировочное занятие Пепа Гвардиолы с командой «Барселона-Б» (2007-2008)

ШАБЛОНЫ ПОЗИЦИОННОЙ АТАКИ (3-5-2)

«Пока мы атакуем, идея в том, чтобы всегда сохранять свою позицию, всегда быть в том месте, где вы должны быть. Это динамизм, мобильность, но позиция всегда должна быть кем-то заполнена»

Пеп Гвардиола: Шаблоны Позиционной Атаки (3-5-2)

МАНЧЕСТЕР СИТИ ПЕПА ГВАРДИОЛЫ (3-5-2)

- **5. Стоунз:** левый центральный защитник
- **4. Компани:** средний центральный защитник
- **30. Отаменди:** правый центральный защитник
- **19. Сане:** левый фланговый защитник
- **2. Уокер:** правый фланговый защитник
- **25. Фернандиньо:** опорный полузащитник
- **21. Сильва:** левый атакующий полузащитник
- **17. Де Брюйне:** правый атакующий полузащитник
- **7. Стерлинг:** второй форвард
- **10. Агуэро:** центральный нападающий

Источник: тренировочное занятие Пепа Гвардиолы с «Манчестер Сити» во время предсезонного тура по США – Нэшвил – 29 июля 2017

Пеп Гвардиола: Шаблоны Позиционной Атаки (3-5-2)

ВЫБОР ПОЗИЦИИ И ПРИЁМ МЯЧА В «ПОЛУФЛАНГАХ» (3-5-2)

- Если атакующие полузащитники «Манчестер Сити» получают мяч без опеки в «полуфлангах» и могут повернуться лицом к воротам соперника, то затем они пытаются выполнить проникающий пас за линию обороны.

- Пеп Гвардиола хочет, чтобы его фланговые защитники (19 и 2) располагались широко и освобождали пространство для своих атакующих полузащитников в пределах "полуфлангов", которые без опеки разворачивались к воротам соперника.

- В этом примере «Манчестер Сити» использует построение 3-5-2, а второй форвард Стерлинг (7) пасует атакующему полузащитнику Де Брюйне (17) в «полуфланг».

- С этого момента у Де Брюйне (17) есть возможность выполнить проникающий пас за линию обороны.

- В примере на диаграмме Де Брюйне (17) выполняет проникающий пас на ход правому фланговому защитнику Уокеру (2).

Источник: тренировочное занятие Пепа Гвардиолы с «Манчестер Сити» во время предсезонного тура по США – Нэшвил – 29 июля 2017

Пеп Гвардиола: Шаблоны Позиционной Атаки (3-5-2)

МЕТОДИКА ТРЕНИРОВКИ ШАБЛОНОВ ПЕПА ГВАРДИОЛЫ (3-5-2)

Два игрока на каждой позиции действуют по очереди

- На этой диаграмме показана методика Пепа Гвардиолы для отработки шаблонов позиционных атак на тренировках с его командой «Манчестер Сити».

- Позади находятся тренеры с большим количеством мячей, готовые пасовать центральным защитникам, чтобы начать упражнение.

- Есть также 5 манекенов в линию перед штрафной площадью и 3 пассивных красных обороняющихся игрока в центре поля.

- На каждой позиции по 2 игрока (1 синий и 1 желтый), которые формируют 2 команды из 10 полевых игроков для тренировки шаблонов.

- Две команды поочерёдно используют схемы, заданные Пепом Гвардиолой.

- Как только одна команда заканчивает атаку, она возвращается на свои позиции, и следующая команда начинает упражнение.

Источник: тренировочное занятие Пепа Гвардиолы с «Манчестер Сити» во время предсезонного тура по США – Нэшвил – 29 июля 2017

Пас опорного полузащитника нападающему, скидка в середину и пас «на третьего», который врывается в штрафную площадь

Непосредственно из тренировочных занятий Пепа Гвардиолы с командой «Манчестер Сити»

3-5-2: нападающий скидывает мяч на третьего, подключающегося через центр

1. Оба нападающих падают назад, чтобы комбинировать + пас «на третьего» (атакующий полузащитник), который бежит за спину защитникам соперника

Описание

1. Левый центральный защитник (5) пасует внутрь среднему центральному защитнику (4).
2. Средний центральный защитник (4) пасует правому центральному защитнику (30).
3. Правый центральный защитник (30) пасует атакующему полузащитнику (17), который падает назад и получает мяч в «полуфланге».
4. Опорный полузащитник (25) смещается поперёк поля, чтобы получить мяч после скидки.
5. Опорный полузащитник (25) пасует центральному нападающему (10), который падает назад для приёма мяча.
6. Нападающий (10) скидывает мяч назад второму нападающему (7), который находится в более глубокой позиции
7. Атакующий полузащитник (17) бежит в штрафную площадь и получает своевременный проникающий «пас на третьего» от форварда (7) позади линии обороны.
8. Атакующий полузащитник (17) пасует нападающему (10), который по дуге прибежал в штрафную площадь, чтобы замкнуть прострел.

Источник: тренировочное занятие Пепа Гвардиолы с «Манчестер Сити» во время предсезонного тура по США – Нэшвил – 29 июля 2017

3-5-2: нападающий скидывает мяч на третьего, подключающегося через центр

2. Скидка центрального нападающего на второго форварда + пас «на третьего» (атакующий полузащитник), который принимает мяч в центре

Описание

1. Правый центральный защитник (30) пасует внутрь среднему центральному защитнику (4).
2. Средний центральный защитник (4) пасует левому центральному защитнику (5).
3. Левый центральный защитник (5) пасует атакующему полузащитнику (21) в пределах "полуфланга".
4. Опорный полузащитник (25) смещается поперёк и вперед, чтобы получить мяч после скидки.
5. Опорный полузащитник (25) пасует центральному нападающему (10), а второй форвард (7) падает назад.
6. Нападающий (10) скидывает мяч назад на второго форварда (7).
7. Атакующий полузащитник с другой стороны (17) своевременно бежит вперёд, чтобы получить «пас на третьего» от форварда (7).
8. Атакующий полузащитник (17) ведет мяч между манекенами и наносит удар по воротам.

Источник: тренировочное занятие Пепа Гвардиолы с «Манчестер Сити» во время предсезонного тура по США – Нэшвил – 29 июля 2017

3-5-2: нападающий скидывает мяч на третьего, подключающегося через центр

3. Скидка центрального нападающего второму форварду + пас «на третьего» (атакующий полузащитник), который бежит за спину защитникам соперника

Описание

1. Правый центральный защитник (30) пасует внутрь среднему центральному защитнику (4).

2. Средний центральный защитник (4) пасует атакующему полузащитнику (21) с левой стороны, который отступает назад и получает мяч в пределах "полуфланга".

3. Опорный полузащитник (25) сначала отступает, чтобы получить мяч от игрока № 4, а затем смещается поперёк, чтобы получить пас внутрь от атакующего полузащитника (21).

4. Опорный полузащитник (25) двигается вперёд с мячом и пасует нападающему (10).

5. Центральный нападающий (10) скидывает мяч назад второму форварду (7).

6. Атакующий полузащитник (21) бежит в штрафную площадь и получает своевременный «пас на третьего» от нападающего (7) за спиной защитников соперника.

7. Атакующий полузащитник (17) пасует нападающему (10), который прибежал в штрафную площадь, чтобы замкнуть прострел.

Источник: тренировочное занятие Пепа Гвардиолы с «Манчестер Сити» во время предсезонного тура по США – Нэшвил – 29 июля 2017

3-5-2: нападающий скидывает мяч на третьего, подключающегося через центр

4. Быстрая комбинационная игра между атакующим полузащитником и двумя нападающими

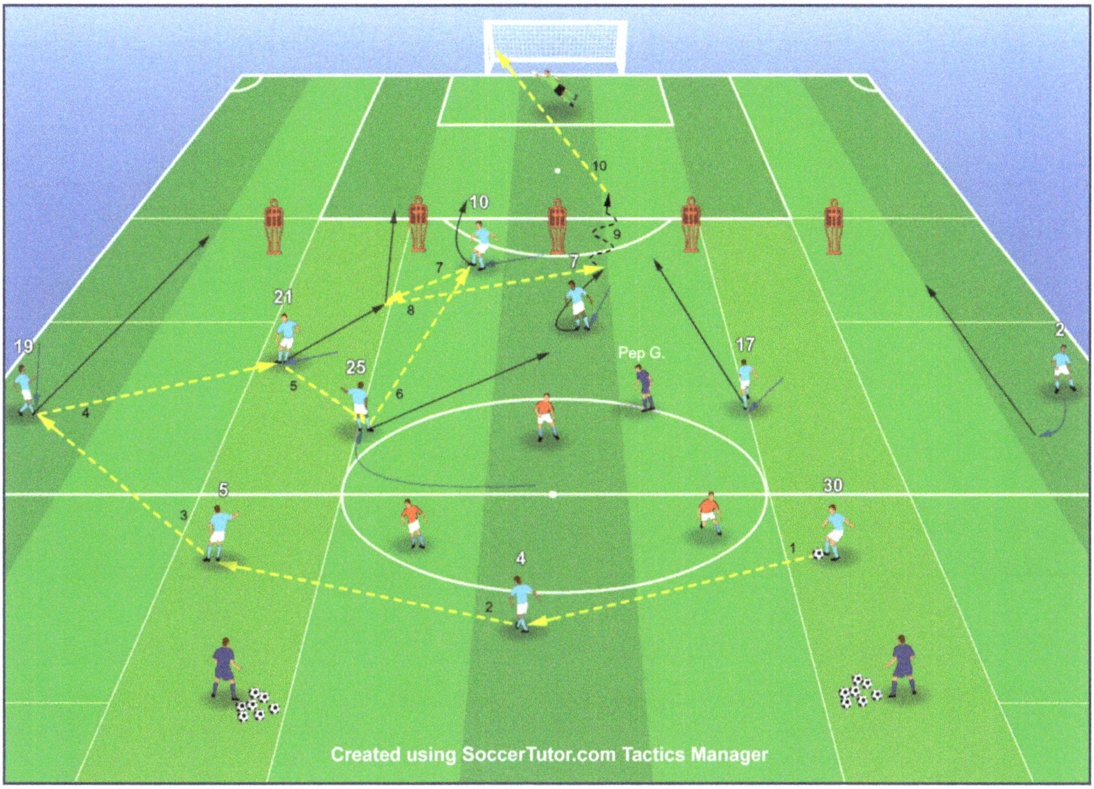

Описание

1. Правый центральный защитник (30) пасует внутрь среднему центральному защитнику (4).
2. Средний центральный защитник (4) пасует левому центральному защитнику (5).
3. Левый центральный защитник (5) пасует левому фланговому защитнику (19), который принимает мяч на фланге.
4. Левый фланговый защитник (19) пасует атакующему полузащитнику (21) который принимает мяч в "полуфланге".
5. Опорный полузащитник (25) перемещается поперёк и вперед, чтобы получить мяч после скидки.
6. Опорный полузащитник (25) пасует центральному нападающему (10), а второй форвард (7) падает назад.
7. Нападающий (10) скидывает мяч назад атакующему полузащитнику (21), который снова получает в "полуфланге".
8. Атакующий полузащитник (21) делает своевременный пас в центр на ход второму форварду (7).
9. Второй форвард (7) ведет мяч между манекенами и бьет по воротам.

Источник: тренировочное занятие Пепа Гвардиолы с «Манчестер Сити» во время предсезонного тура по США – Нэшвил – 29 июля 2017

3-5-2: нападающий скидывает мяч на третьего, подключающегося через центр

5. Использование быстрых комбинаций опорного полузащитника для доставки мяча нападающим

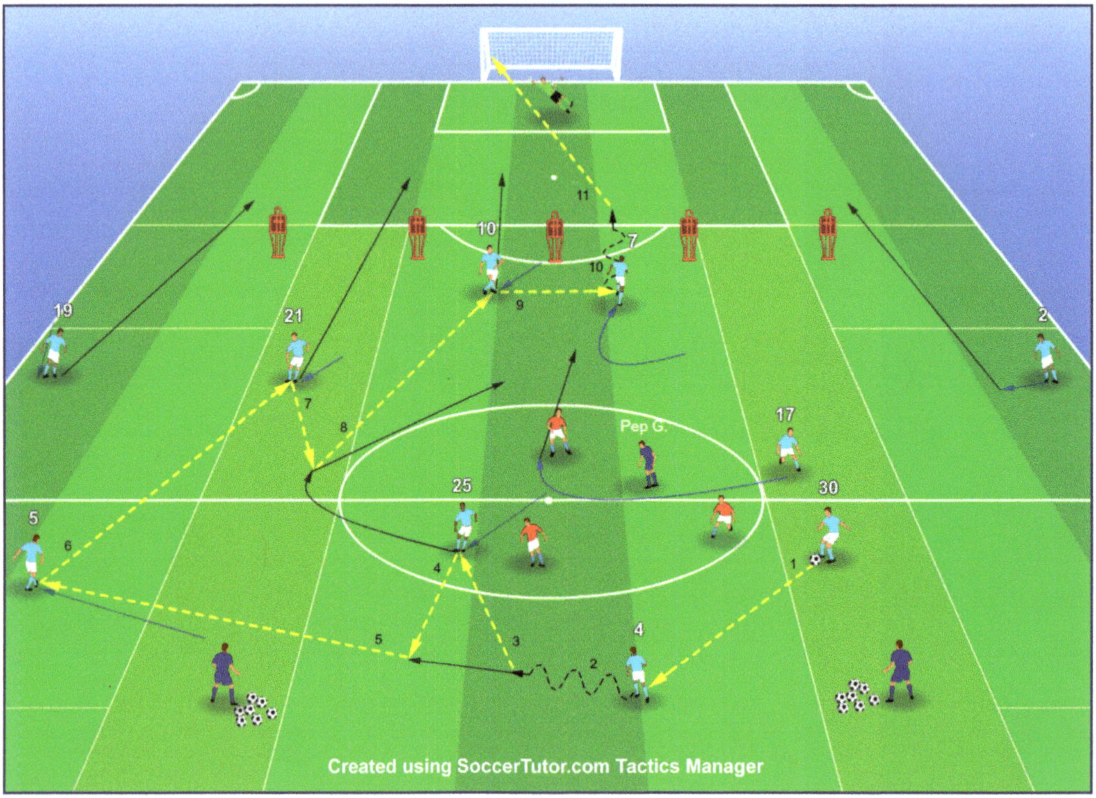

Описание

1. Правый центральный защитник (30) пасует внутрь среднему центральному защитнику (4).

2. Средний центральный защитник (4) ведёт мяч поперек поля.

3. Средний центральный защитник (4) пасует опорному полузащитнику (25).

4. Опорный полузащитник (25) возвращает мяч, чтобы завершить комбинацию «стенка».

5. Средний центральный защитник (4) пасует левому центральному защитнику (5).

6. Левый центральный защитник (5) пасует атакующему полузащитнику (21), который получает мяч в пределах "полуфланга".

7. Опорный полузащитник (25) двигается вперед (по дуге), чтобы принять мяч после скидки.

8. Опорный полузащитник (25) пасует центральному нападающему (10).

9. Нападающий (10) пасует второму форварду (7), который бежит вперед, ведет мяч и наносит удар по воротам.

Источник: тренировочное занятие Пепа Гвардиолы с «Манчестер Сити» во время предсезонного тура по США – Нэшвил – 29 июля 2017

Смена направления атаки и проникающий пас на ход фланговому защитнику

Непосредственно из тренировочных занятий Пепа Гвардиолы с командой «Манчестер Сити»

3-5-2: Смена направления атаки + проникающий пас крайнему защитнику

1. Смена направления атаки и проникающий пас фланговому защитнику, который получает мяч за спиной защитников соперника

Описание

1. Правый центральный защитник (30) пасует внутрь среднему центральному защитнику (4).
2. Средний центральный защитник (4) пасует левому центральному защитнику (5).
3. Левый центральный защитник (5) пасует левому фланговому защитнику (19), который принимает мяч на фланге.
4. Левый фланговый защитник (19) пасует атакующему полузащитнику (21) в пределах "полуфланга".
5. Опорный полузащитник (25) смещается поперёк и вперёд, чтобы принять мяч после скидки.
6. Опорный полузащитник (25) пасует второму форварду (7), который падает назад, чтобы получить мяч.
7. Нападающий (7) выполняет скидку назад другому атакующему полузащитнику (17), который также получает мяч в пределах "полуфланга".
8. Атакующий полузащитник (17) выполняет проникающий пас за спину защитникам соперника на ход правому фланговому защитнику (2).
9. Правый фланговый защитник (2) простреливает в штрафную площадь для набегающих партнёров по команде.

Источник: тренировочное занятие Пепа Гвардиолы с «Манчестер Сити» во время предсезонного тура по США – Нэшвил – 29 июля 2017

3-5-2: Смена направления атаки + проникающий пас крайнему защитнику

2. Опорный полузащитник переводит мяч левому фланговому защитнику + «пас на третьего» (атакующий полузащитник)

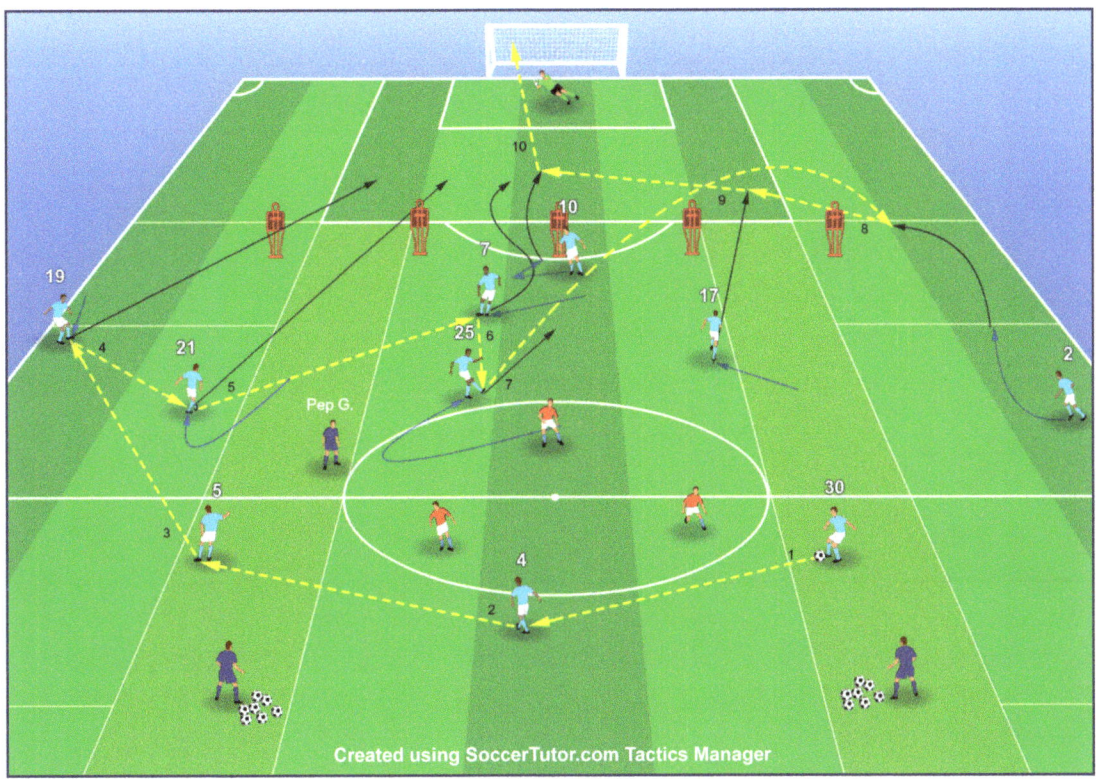

Описание

1. Правый центральный защитник (30) пасует внутрь среднему центральному защитнику (4).
2. Средний центральный защитник (4) пасует левому центральному защитнику (5).
3. Левый центральный защитник (5) отдаёт передачу левому фланговому защитнику (19), который принимает мяч на краю.
4. Левый фланговый защитник (19) пасует назад атакующему полузащитнику (21), который сместился поперёк поля.
5. Атакующий полузащитник (21) пасует второму форварду (7), который сместился поперёк поля для приема мяча.
6. Нападающий (7) скидывает мяч назад опорному полузащитнику (25), который двигался по дуге и подстроился под скидку.
7. Правый фланговый защитник (2) бежит вперёд, чтобы получить пас верхом от опорного полузащитника (25). Другой атакующий полузащитник (17) бежит в штрафную площадь между манекенами, предлагая вариант «передачи на третьего».
8. Правый фланговый защитник (2) пасует внутрь атакующему полузащитнику (17).
9. Атакующий полузащитник (17) пасует поперёк центральному нападающему (10), который пытается забить.

Источник: тренировочное занятие Пепа Гвардиолы с «Манчестер Сити» во время предсезонного тура по США – Нэшвил – 29 июля 2017

3-5-2: Смена направления атаки + проникающий пас крайнему защитнику

3. Использование комбинационной игры в короткий пас для смены направления атаки и проникающая передача фланговому защитнику

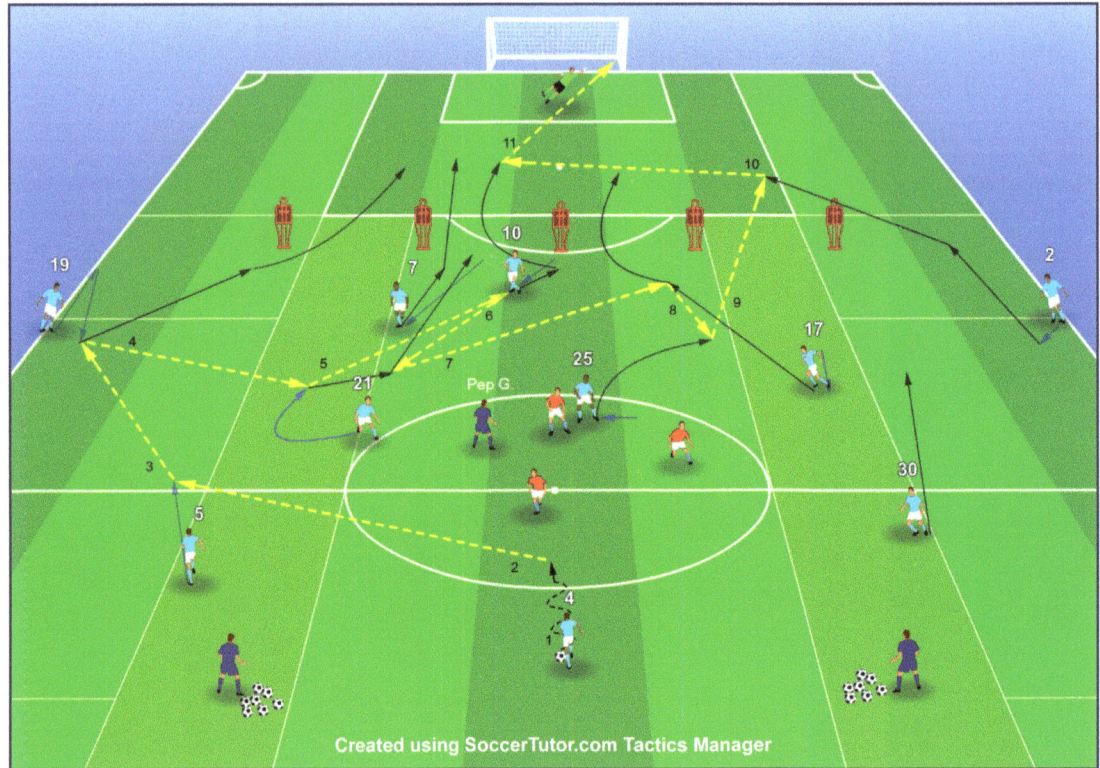

Описание

1. Средний центральный защитник (4) ведёт мяч вперед.
2. Средний центральный защитник (4) пасует левому центральному защитнику (5), который бежит вперед.
3. Левый центральный защитник (5) пасует левому фланговому защитнику (19), который отходит назад.
4. Атакующий полузащитник (21) смещается поперёк поля, чтобы получить следующий пас в «полуфланге».
5. Атакующий полузащитник (21) пасует нападающему (10), который падает назад.
6. Нападающий (10) скидывает мяч обратно атакующему полузащитнику (21), чтобы завершить комбинацию «стенка».
7. Атакующий полузащитник (21) пасует другому атакующему полузащитнику (17), который выдвигается вперёд.
8. Опорный полузащитник (25) двигается вперед, чтобы подстроиться под скидку.
9. Опорный полузащитник (25) выполняет проникающий пас за линию обороны соперника, на ход фланговому защитнику (2), чтобы тот смог выполнить передачу низом для набегающих партнеров по команде.

Источник: тренировочное занятие Пепа Гвардиолы с «Манчестер Сити» во время предсезонного тура по США – Нэшвил – 29 июля 2017

3-5-2: Смена направления атаки + проникающий пас крайнему защитнику

4. Нападающий скидывает мяч второму форварду, смена направления атаки и проникающая передача фланговому защитнику

* Красный соперник находится в более выдвинутой позиции, чтобы заблокировать пас среднему центральному защитнику (4).

Описание

1. Правый центральный защитник (30) пасует левому центральному защитнику (5).
2. Левый центральный защитник (5) бежит вперед с мячом.
3. Левый центральный защитник (5) пасует атакующему полузащитнику (21) в "полуфланг".
4. Опорный полузащитник (25) отступает назад и затем двигается вперед (по дуге), чтобы подстроится под скидку мяча от атакующего полузащитника (21).
5. Опорный полузащитник (25) пасует нападающему (10).
6. Форвард (10) пасует второму форварду (7).
7. Второй форвард (7) выполняет проникающий пас за линию обороны соперника правому фланговому защитнику (2), который бежит вперёд.
8. Правый фланговый защитник (2) простреливает низом на форварда (10), который пытается забить.

Источник: тренировочное занятие Пепа Гвардиолы с «Манчестер Сити» во время предсезонного тура по США – Нэшвил – 29 июля 2017

3-5-2: Смена направления атаки + проникающий пас крайнему защитнику

5. Комбинационная игра с опорным полузащитником, перевод мяча на слабый фланг + проникающая передача фланговому защитнику

Описание

1. Левый центральный защитник (5) пасует внутрь среднему центральному защитнику (4).
2. Средний центральный защитник (4) пасует правому центральному защитнику (30).
3. Правый центральный защитник (30) пасует атакующему полузащитнику (17), который падает назад и получает мяч в «полуфланге».
4. Опорный полузащитник (25) смещается поперёк, а затем вперёд, чтобы подстроиться под скидку мяча.
5. Опорный полузащитник (25) пасует второму форварду (7), который отходит назад, чтобы получить мяч.
6. Нападающий (7) скидывает мяч обратно полузащитнику (25), чтобы завершить комбинацию стенка.
7. Опорный полузащитник (25) пасует другому атакующему полузащитнику (21), который ведет мяч вперёд.
8. Атакующий полузащитник (21) выполняет проникающий пас между защитниками соперника на ход диагональному подключению левого флангового защитника (19).
9. Левый фланговый защитник (19) выполняет подачу на центрального нападающего (10), который пытается забить.

Источник: тренировочное занятие Пепа Гвардиолы с «Манчестер Сити» во время предсезонного тура по США – Нэшвил – 29 июля 2017

3-5-2: Смена направления атаки + проникающий пас крайнему защитнику

6. Перевод мяча на слабый фланг, скидка нападающего атакующему полузащитнику + проникающая передача фланговому защитнику

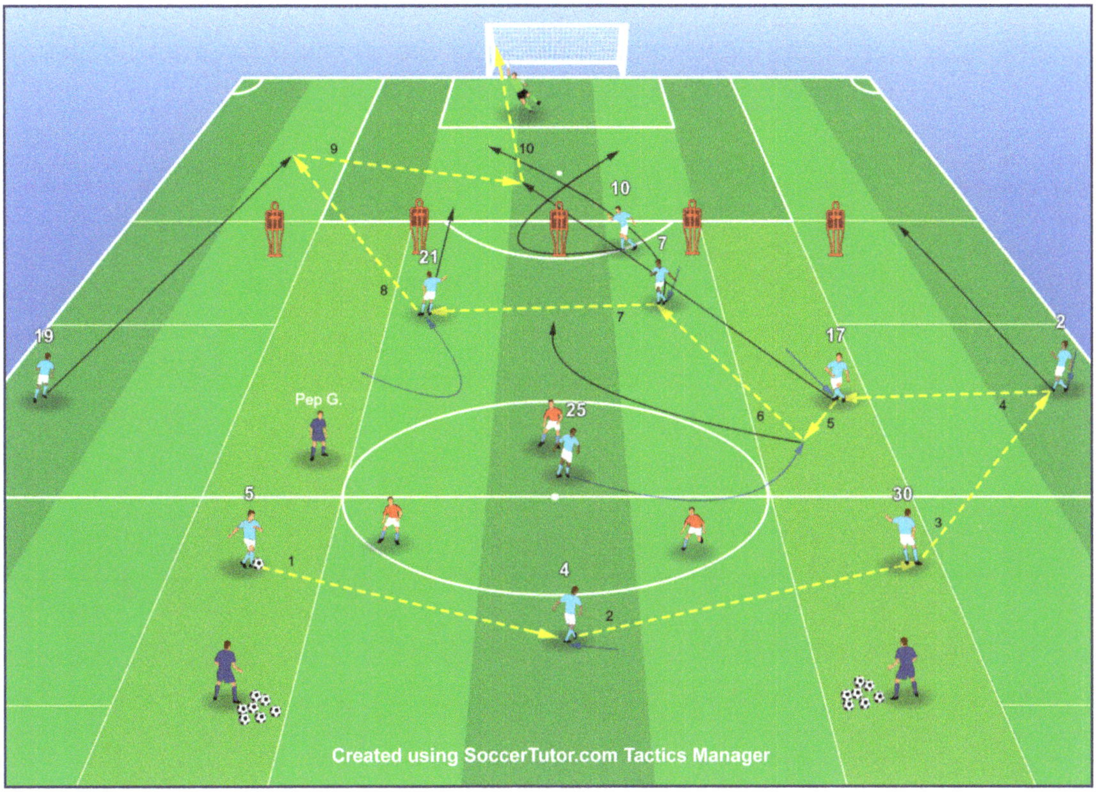

Описание

1. Левый центральный защитник (5) пасует внутрь среднему центральному защитнику (4).
2. Средний центральный защитник (4) пасует правому центральному защитнику (30).
3. Правый центральный защитник (30) пасует правому фланговому защитнику (2), который принимает мяч на краю.
4. Правый фланговый защитник (2) пасует атакующему полузащитнику (17) в «полуфланг».
5. Опорный полузащитник (25) смещается поперёк поля, чтобы подстроиться под скидку мяча.
6. Опорный полузащитник (25) пасует второму форварду (7), который падает назад для приёма мяча.
7. Второй форвард (7) пасует другому атакующему полузащитнику (21).
8. Атакующий полузащитник (21) выполняет проникающий пас за линию обороны соперника на ход левому фланговому защитнику (19).
9. Левый фланговый защитник (19) простреливает низом в штрафную площадь для набегающих партнёров по команде.

Источник: тренировочное занятие Пепа Гвардиолы с «Манчестер Сити» во время предсезонного тура по США – Нэшвил – 29 июля 2017

Нападающий скидывает мяч атакующему полузащитнику+ проникающий пас

Непосредственно из тренировочных занятий Пепа Гвардиолы с командой «Манчестер Сити»

«Невозможно против глубокой защиты быть узким. Сначала стань широким, а после этого беги за спину».

Источник: Упражнения Пепа Гвардиолы: шаблоны позиционных атак (3-5-2)

3-5-2: Скидка форварда атакующему полузащитнику для проникающего паса

1. Диагональный пас верхом атакующего полузащитника из центра на край выдвинутому фланговому защитнику

Описание

1. Правый центральный защитник (30) пасует внутрь среднему центральному защитнику (4).

2. Средний центральный защитник (4) пасует атакующему полузащитнику (17), который падает назад и получает мяч внутри "полуфланга".

3. Опорный полузащитник (25) отходит назад и затем смещается поперёк, подстраиваясь под скидку мяча от игрока №17.

4. Опорный полузащитник (25) пасует второму форварду (7), который отходит назад для приёма мяча.

5. Второй форвард (7) пасует поперёк поля на ход другому атакующему полузащитнику (21).

6. Атакующий полузащитник (21) выполняет диагональную передачу на фланг за линию обороны соперника для подключающегося вперёд флангового защитника (2).

7. Фланговый защитник (2) выполняет прострел низом для набегающих партнёров по команде.

Источник: тренировочное занятие Пепа Гвардиолы с «Манчестер Сити» во время предсезонного тура по США – Нэшвил – 29 июля 2017

3-5-2: Скидка форварда атакующему полузащитнику для проникающего паса

2. Атакующий полузащитник, на ходу принимает мяч после скидки выдвинутого форварда + проникающий пас фланговому защитнику

Описание

1. Правый центральный защитник (30) пасует внутрь среднему центральному защитнику (4).
2. Средний центральный защитник (4) пасует атакующему полузащитнику (17), который падает назад и получает мяч в «полуфланге».
3. Опорный полузащитник (25) смещается поперёк, чтобы подстроиться под скидку от игрока №17.
4. Опорный полузащитник (25) двигается вперёд с мячом и пасует нападающему (10), который двигается поперёк для приёма мяча.
5. Нападающий (10) скидывает мяч назад, чтобы другой атакующий полузащитник (21) принял его на ходу.
6. Атакующий полузащитник (21) выполняет проникающий пас на ход левому фланговому защитнику (19).
7. Фланговый защитник (19) принимает мяч, а затем выполняет передачу назад по диагонали для атакующего полузащитника (21).
8. Атакующий полузащитник (21) наносит удар по воротам.

Источник: тренировочное занятие Пепа Гвардиолы с «Манчестер Сити» во время предсезонного тура по США – Нэшвил – 29 июля 2017

3-5-2: Скидка форварда атакующему полузащитнику для проникающего паса

3. Атакующий полузащитник, на ходу принимает мяч после скидки второго форварда + проникающий пас на ход фланговому защитнику (1)

Описание

1. Правый центральный защитник (30) пасует внутрь среднему центральному защитнику (4).

2. Средний центральный защитник (4) пасует атакующему полузащитнику (17), который падает назад и получает мяч в «полуфланге».

3. Опорный полузащитник (25) смещается поперёк и подстраивается пд скидку мяча от игрока №17.

4. Полузащитник (25) пасует второму форварду (7), который двигается назад для приёма мяча.

5. Нападающий (7) пасует поперёк на ход другому атакующему полузащитнику (21).

6. Атакующий полузащитник (21) выполняет проникающий пас на ход фланговому защитнику (19).

7. Фланговый защитник (19) режет угол и бьёт по воротам.

Источник: тренировочное занятие Пепа Гвардиолы с «Манчестер Сити» во время предсезонного тура по США – Нэшвил – 29 июля 2017

3-5-2: Скидка форварда атакующему полузащитнику для проникающего паса

4. Атакующий полузащитник, на ходу принимает мяч после скидки второго форварда + проникающий пас на ход фланговому защитнику (2)

Описание

1. Левый центральный защитник (5) пасует внутрь среднему центральному защитнику (4).

2. Средний центральный защитник (4) пасует правому центральному защитнику (30).

3. Правый центральный защитник (30) пасует атакующему полузащитнику (17), который двигается назад и получает мяч в «полуфланге».

4. Опорный полузащитник (25) перемещается поперёк и затем вперёд (по дуге), чтобы подстроиться под скидку мяча от игрока №17.

5. Опорный полузащитник (25) пасует второму форварду (7), который смещается поперёк для приёма мяча.

6. Нападающий (7) пасует поперёк на ход другому атакующему полузащитнику (21).

7. Атакующий полузащитник (21) получает передачу форварда (7) и выполняет проникающий пас на ход диагональному движению левого флангового защитника (19).

8. Левый крайний защитник (19) выполняет прострел низом для набегающих партнёров по команде.

Источник: тренировочное занятие Пепа Гвардиолы с «Манчестер Сити» во время предсезонного тура по США – Нэшвил – 29 июля 2017

3-5-2: Скидка форварда атакующему полузащитнику для проникающего паса

5. Передачи через линию + проникающий пас на третьего (фланговый защитник)

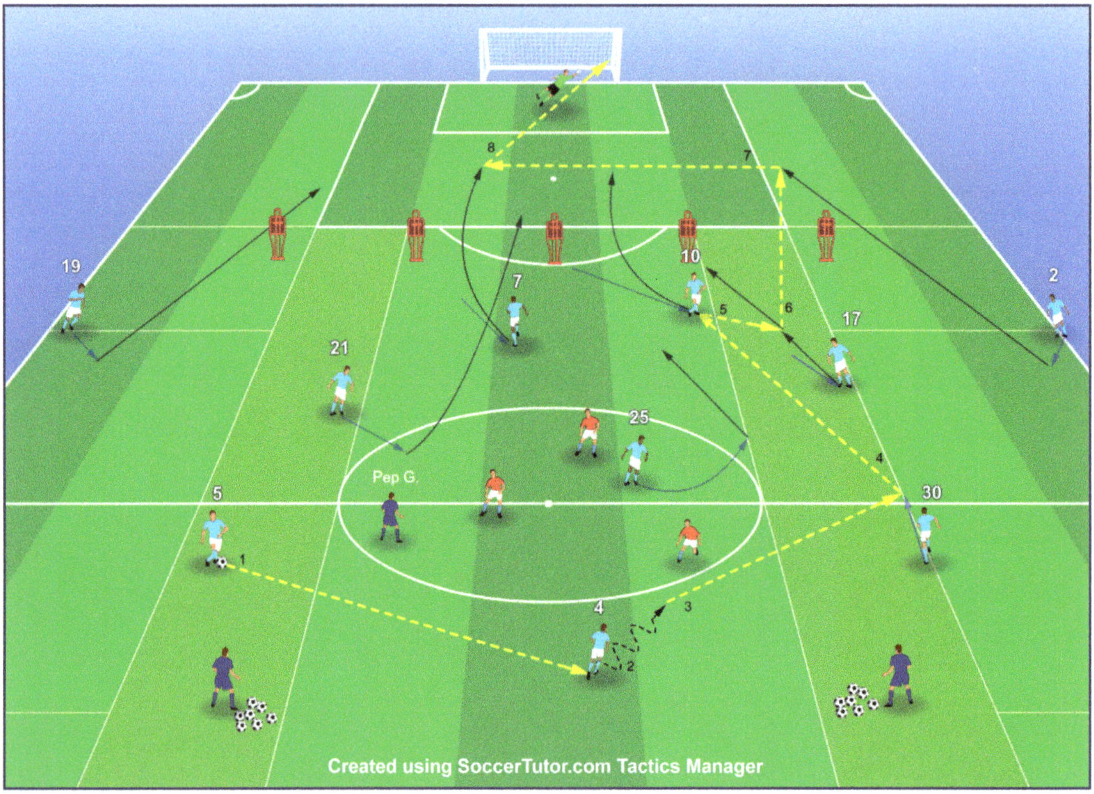

Описание

1. Левый центральный защитник (5) пасует назад среднему центральному защитнику (4).

2. Средний центральный защитник (4) слегка смещается с мячом вправо и его встречают.

3. Средний центральный защитник (4) пасует на ход правому центральному защитнику (30), который двигается вперед.

4. Правый центральный защитник (30) пасует центральному нападающему (10), который падает назад и смещается вправо.

5. Атакующий полузащитник (17) смещается, чтобы получить мяч после скидки нападающего в «полуфланге».

6. Атакующий полузащитник (17) выполняет проникающий пас правому фланговому защитнику (2), который бежит вперёд по диагонали.

7. Правый фланговый защитник (2) выполняет прострел низом для набегающих партнёров по команде.

Источник: тренировочное занятие Пепа Гвардиолы с «Манчестер Сити» во время предсезонного тура по США – Нэшвил – 29 июля 2017

3-5-2: Скидка форварда атакующему полузащитнику для проникающего паса

6. Атакующий полузащитник, принимающий скидку выдвинутого форварда + проникающий пас на ход второму форварду

Описание

1. Средний центральный защитник (4) ведёт мяч вперёд, а соперник оказывает на него давление.

2. Средний центральный защитник (4) пасует на ход левому центральному защитнику (5), который двигается вперёд.

3. Левый центральный защитник (5) пасует атакующему полузащитнику (21), который получает мяч в пределах "полуфланга".

4. Опорный полузащитник (25) двигается вперёд (по дуге), чтобы принять мяч после скидки игрока №21.

5. Опорный полузащитник (25) пасует нападающему (10), который смещается поперёк в левую сторону.

6. Нападающий (10) скидывает мяч, чтобы атакующий полузащитник (21) мог получить мяч на скорости в «полуфланге».

7. Атакующий полузащитник (21) выполняет проникающий пас между манекенами, чтобы второй нападающий (7) принял мяч за спиной защитников соперника и забил.

Источник: тренировочное занятие Пепа Гвардиолы с «Манчестер Сити» во время предсезонного тура по США – Нэшвил – 29 июля 2017

3-5-2: Скидка форварда атакующему полузащитнику для проникающего паса

> ## Пеп Гвардиола останавливает тренировочное занятие в этот момент и вносит следующие изменения:

- Левый атакующий полузащитник (21) отходит назад в зону рядом с опорным полузащитником (25)

- Опорный полузащитник (25) слегка смещается вправо

- Во многих из следующих шаблонов второй форвард (7) падает назад и двигается в «полуфланг» для приёма мяча

- один красный соперник удаляется

Атакующий полузащитник падает назад, а нападающий двигается в «полуфланг», чтобы стать связующим игроком

Непосредственно из тренировочных занятий Пепа Гвардиолы с командой «Манчестер Сити»

3-5-2: атакующий полузащитник смещается назад, а нападающий в «полуфланг»

1. Форвард получает мяч в «полуфланге» и пасует внутрь для атакующего полузащитника, который ведёт мяч сквозь линию обороны

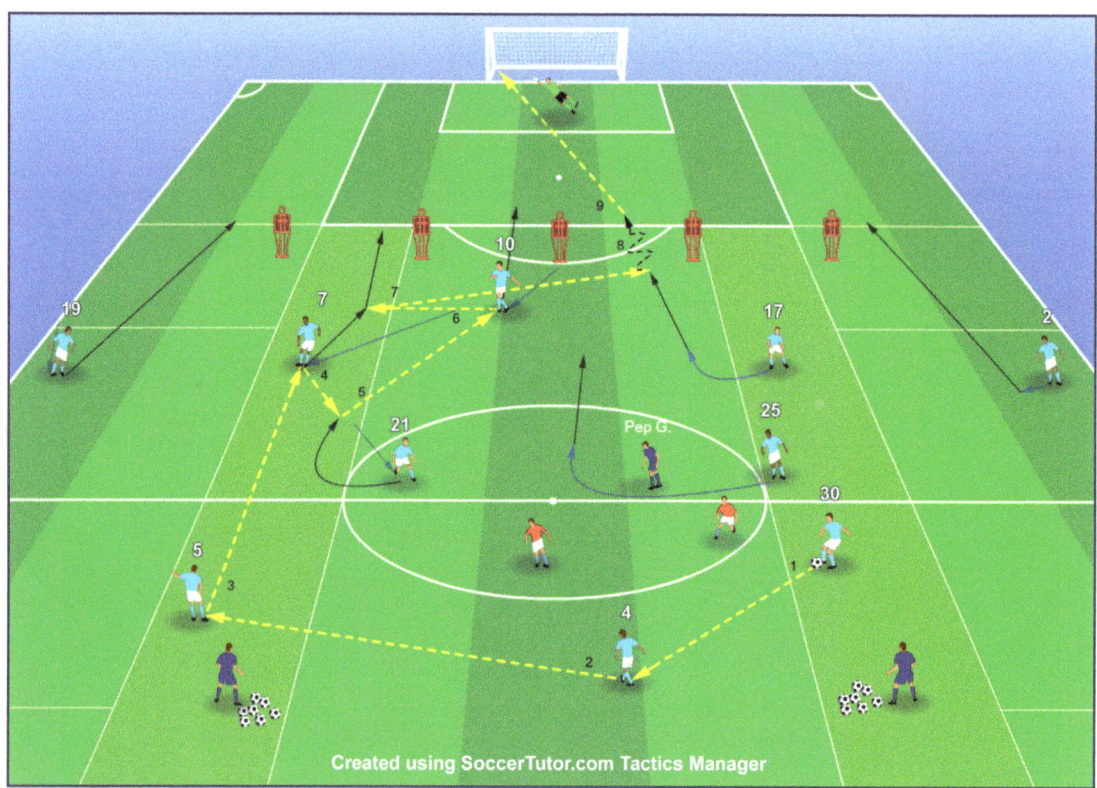

Описание

1. Правый центральный защитник (30) пасует назад среднему центральному защитнику (4).

2. Средний центральный защитник (4) пасует левому центральному защитнику (5).

3. Атакующий полузащитник (21) двигается назад. Левый центральный защитник (5) пасует форварду (7), который сместился поперёк поля, чтобы получить мяч в «полуфланге».

4. Атакующий полузащитник (21) теперь двигается вперёд, чтобы получить мяч после скидки форварда (7).

5. Атакующий полузащитник (21) пасует выдвинутому форварду (10), который падает назад.

6. Нападающий (10) пасует поперёк на ход второму форварду (7).

7. Нападающий (10) пасует поперёк на ход атакующему полузащитнику с другой стороны (17).

8. Атакующий полузащитник (17) проходит с мячом между манекенами в штрафную площадь и бьет по воротам.

Источник: тренировочное занятие Пепа Гвардиолы с «Манчестер Сити» во время предсезонного тура по США – Нэшвил – 29 июля 2017

3-5-2: атакующий полузащитник смещается назад, а нападающий в «полуфланг»

2. Двойная скидка перед проникающим пасом опорного полузащитника на ход фланговому защитнику

Описание

1. Средний центральный защитник (4) ведёт мяч вперёд, а соперник оказывает на него давление.
2. Средний центральный защитник (4) пасует на ход левому центральному защитнику (5), который двигается вперёд.
3. Левый центральный защитник (5) пасует форварду (10), который смещается поперёк для приёма мяча.
4. Второй форвард (7) ранее сместился поперёк влево и теперь делает движение вперёд, чтобы принять мяч после скидки.
5. Второй форвард (7) пасует атакующему полузащитнику (17), который бежит в центр для приёма мяча.
6. Опорный полузащитник (25) двигается вперёд, чтобы получить мяч после скидки.
7. Опорный полузащитник (25) выполняет проникающий пас на ход правому фланговому защитнику (2).
8. Оба форварда (7 и 10) и левый защитник (19) бегут в штрафную площадь. Правый фланговый защитник (2) выполняет прострел.

Источник: тренировочное занятие Пепа Гвардиолы с «Манчестер Сити» во время предсезонного тура по США – Нэшвил – 29 июля 2017

3-5-2: атакующий полузащитник смещается назад, а нападающий в «полуфланг»

3. Фланговый защитник играет в стенку с форвардом в «полуфланге», чтобы получить мяч за спиной у соперника

* Атакующий полузащитник (21) располагается в центре поля, а нападающий (7) - в «полуфланге»..

Описание

1. Правый центральный защитник (30) пасует внутрь среднему центральному защитнику (4).
2. Средний центральный защитник (4) ведет мяч вперед.
3. Средний центральный защитник (4) пасует форварду (7) в «полуфланг».
4. Атакующий полузащитник (21) смещается поперёк, чтобы принять мяч после скидки игрока №7.
5. Атакующий полузащитник (21) пасует левому фланговому защитнику (19).
6. Фланговый защитник (19) пасует внутрь нападающему (7) который принимает мяч в «полуфланге».
7. Нападающий (7) выполняет проникающий пас между манекенами на ход фланговому защитнику (19), и завершает комбинацию «стенка».
8. Фланговый защитник (19) выполняет прострел низом для набегающих партнёров по команде.

Источник: тренировочное занятие Пепа Гвардиолы с «Манчестер Сити» во время предсезонного тура по США – Нэшвил – 29 июля 2017

3-5-2: атакующий полузащитник смещается назад, а нападающий в «полуфланг»

4. Фланговый защитник делает ложное открывание назад, а затем бежит вперёд, чтобы получить мяч от нападающего на краю за спиной соперника

Описание

1. Левый центральный защитник (5) пасует внутрь среднему центральному защитнику (4).

2. Средний центральный защитник (4) ведет мяч вперед, а соперник оказывает на него давление.

3. Средний центральный защитник (4) пасует атакующему полузащитнику (21), который двигается назад.

4. Атакующий полузащитник (21) разворачивается и пасует форварду (7), который сместился поперёк поля, чтобы получить мяч в «полуфланге».

5. Форвард (7) разворачивается и пасует на край левому фланговому защитнику (19) за спину защитникам соперника.

6. Фланговый защитник (19) принимает мяч и ведет его вперед.

7. Фланговый защитник (19) выполняет пас назад по диагонали, чтобы забил нападающий (7).

Источник: тренировочное занятие Пепа Гвардиолы с «Манчестер Сити» во время предсезонного тура по США – Нэшвил – 29 июля 2017

3-5-2: атакующий полузащитник смещается назад, а нападающий в «полуфланг»

5. Атакующий полузащитник падает назад, форвард смещается поперёк, чтобы комбинировать в «полуфланге» и смена направления атаки

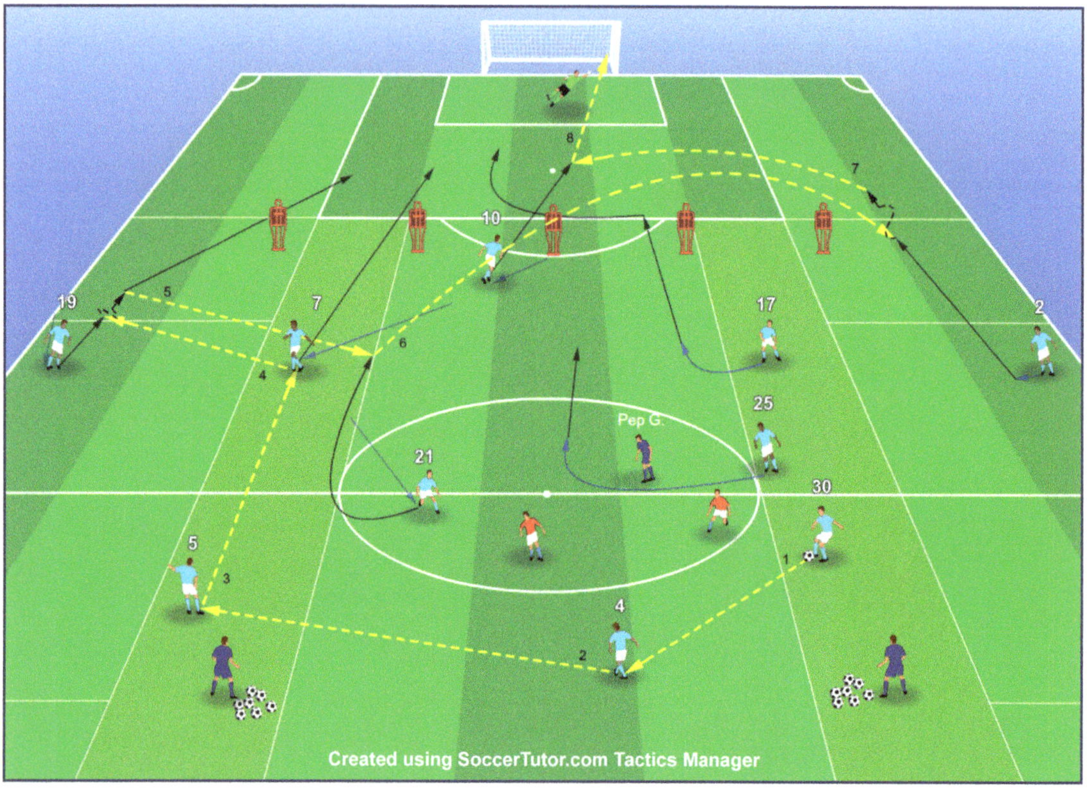

Описание

1. Правый центральный защитник (30) пасует назад среднему центральному защитнику (4).

2. Средний центральный защитник (4) пасует левому центральному защитнику (5).

3. Атакующий полузащитник (21) падает назад. Левый центральный защитник (5) пасует форварду (7), который сместился поперёк поля, чтобы принять мяч в «полуфланге».

4. Форвард (7) пасует на край левому фланговому защитнику (19).

5. Атакующий полузащитник (21) теперь двигается вперед, чтобы получить пас внутрь от флангового защитника (19).

6. Атакующий полузащитник (21) выполняет длинный пас верхом на ход правому фланговому защитнику (2).

7. Правый фланговый защитник (2) получает мяч, ведет его вперед и выполняет подачу для набегающих партнёров по команде.

Источник: тренировочное занятие Пепа Гвардиолы с «Манчестер Сити» во время предсезонного тура по США – Нэшвил – 29 июля 2017

3-5-2: атакующий полузащитник смещается назад, а нападающий в «полуфланг»

6. Перевод мяча от одного флангового защитника другому с помощью длинной передачи верхом атакующего полузащитника

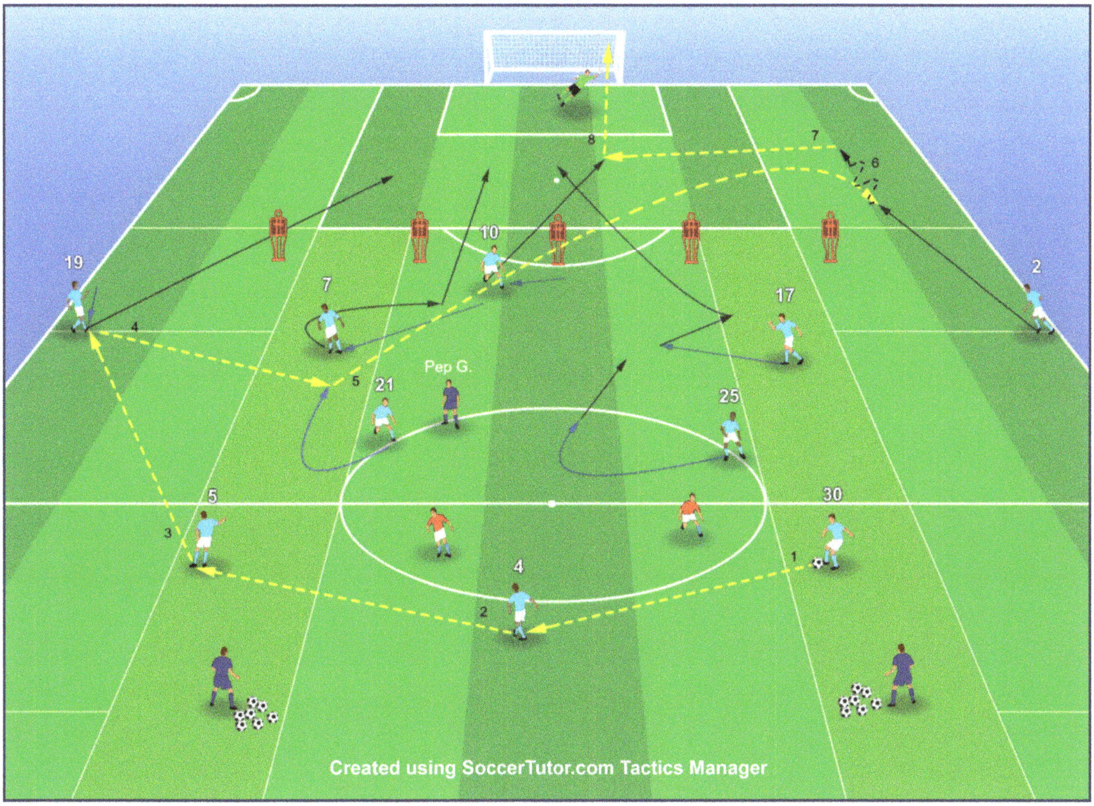

Описание

1. Правый центральный защитник (30) пасует внутрь среднему центральному защитнику (4).

2. Средний центральный защитник (4) пасует левому центральному защитнику (5).

3. Левый центральный защитник (5) пасует левому фланговому защитнику (19), который принимает мяч на краю.

4. Фланговый защитник (19) пасует внутрь атакующему полузащитнику (21), который двигается вперёд из своей глубокой позиции, чтобы получить мяч в «полуфланге».

5. Атакующий полузащитник (21) выполняет длинную передачу верхом за спину защитникам соперника на ход правому фланговому защитнику (2).

6. Фланговый защитник (2) получает мяч позади оборонительной линии соперника, ведёт мяч вперёд и простреливает низом для набегающих партнёров по команде.

Источник: тренировочное занятие Пепа Гвардиолы с «Манчестер Сити» во время предсезонного тура по США – Нэшвил – 29 июля 2017

3-5-2: атакующий полузащитник смещается назад, а нападающий в «полуфланг»

7. Нападающий смещается поперёк в "полуфланг" для скидки атакующему полузащитнику, который пасует фланговому защитнику

Описание

1. Левый центральный защитник (5) пасует внутрь среднему центральному защитнику (4).

2. Средний центральный защитник (4) пасует атакующему полузащитнику (17) в «полуфланг».

3. Атакующий полузащитник (17) скидывает мяч правому центральному защитнику (5), который двигается вперед.

4. Правый центральный защитник (5) пасует второму форварду (7), который сместился поперёк, чтобы получить мяч в «полуфланге».

5. Атакующий полузащитник (17) теперь двигается вперед, чтобы получить мяч после скидки.

6. Атакующий полузащитник (17) выполняет проникающий пас на ход правому фланговому защитнику (2).

7. Оба нападающих (7 и 10), атакующий полузащитник (21) и левый защитник (19) врываются в штрафную площадь. Правый фланговый защитник (2) подаёт для набегающих партнёров по команде.

Источник: тренировочное занятие Пепа Гвардиолы с «Манчестер Сити» во время предсезонного тура по США – Нэшвил – 29 июля 2017

3-5-2: атакующий полузащитник смещается назад, а нападающий в «полуфланг»

8. Центральный нападающий скидывает мяч второму форварду, который выполняет диагональный пас верхом за линию обороны соперника фланговому защитнику

Описание

1. Левый центральный защитник (5) пасует внутрь среднему центральному защитнику (4).
2. Средний центральный защитник (4) пасует поперёк на ход правому центральному защитнику (30), который двигается вперёд.
3. Правый центральный защитник (30) пасует на край выдвинутому правому фланговому защитнику (2).
4. Фланговый защитник (2) пасует внутрь атакующему полузащитнику (17), который получает мяч в "полуфланге". Форвард (7) смещается поперёк поля.
5. Атакующий полузащитник (17) пасует нападающему (10).
6. Форвард (10) скидывает мяч назад второму форварду (7) в «полуфланг».
7. Второй форвард (7) выполняет диагональный пас верхом за спину линии обороны соперника левому фланговому защитнику (19) на ход.
8. Фланговый защитник (19) получает мяч и двигается с ним вперёд.
9. Фланговый защитник (19) пасует назад по диагонали, чтобы нападающий (10) забил.

Источник: тренировочное занятие Пепа Гвардиолы с «Манчестер Сити» во время предсезонного тура по США – Нэшвил – 29 июля 2017

Уверенное владение мячом, прежде чем выполнить решающий диагональный пас верхом за линию защиты

Непосредственно из тренировочных занятий Пепа Гвардиолы с командой «Манчестер Сити»

3-5-2: Уверенное владение мячом + диагональный проникающий пас верхом

1. Быстрая комбинационная игра в центре и короткий диагональный пас верхом нападающему за спину сопернику

Описание

1. Левый центральный защитник (5) пасует внутрь среднему центральному защитнику (4).
2. Средний центральный защитник (4) пасует на ход правому центральному защитнику (30).
3. Правый центральный защитник (30) пасует форварду (7), который сместился поперёк, чтобы получить мяч в «полуфланге».
4. Атакующий полузащитник (17) двигается вперед, чтобы получить мяч после скидки форварда (7).
5 и 6. Атакующий полузащитник (17) играет в стенку с опорным полузащитником (25).
7. Атакующий полузащитник (17) пасует внутрь другому атакующему полузащитнику (21), который сместился внутрь и вперед, чтобы получить мяч.
8. Атакующий полузащитник (17) скидывает мяч назад опорному полузащитнику (25).
9. Опорный полузащитник (25) пасует левому фланговому защитнику (19) на край.
10. Левый фланговый защитник (19) пасует внутрь атакующему полузащитнику (21).
11 и 12. Атакующий полузащитник (21) получает мяч и выполняет короткий диагональный пас верхом за спину защитникам соперника на ход форварду (7), который пасует нападающему (10).

Источник: тренировочное занятие Пепа Гвардиолы с «Манчестер Сити» во время предсезонного тура по США – Нэшвил – 29 июля 2017

3-5-2: Уверенное владение мячом + диагональный проникающий пас верхом

2. Комбинационная игра с несколькими скидками + диагональный пас верхом за спину соперникам на ход нападающему

Описание

1. Правый центральный защитник (30) пасует назад среднему центральному защитнику (4).
2. Средний центральный защитник (4) пасует атакующему полузащитнику (17) в "полуфланг".
3. Опорный полузащитник (25) смещается поперёк, чтобы получить мяч после скидки атакующего полузащитника (17).
4. Опорный полузащитник (25) пасует нападающему (7).
5. Форвард (7) пасует назад другому атакующему полузащитнику (21) на ход.
6. Атакующий полузащитник (21) пасует на край левому фланговому защитнику (19).
7. Левый фланговый игрок (19) пасует обратно атакующему полузащитнику (21), который смещается поперёк, чтобы получить мяч в "полуфланге".
8. Атакующий полузащитник (21) выполняет пас верхом за спину защитникам соперника на ход нападающему (10).
9. Нападающий (10) передает мяч второму нападающему (7) под удар.

Источник: тренировочное занятие Пепа Гвардиолы с «Манчестер Сити» во время предсезонного тура по США – Нэшвил – 29 июля 2017

3-5-2: Уверенное владение мячом + диагональный проникающий пас верхом

3. Быстрая комбинационная игра в центре со скидками + диагональный пас верхом за спину соперникам на ход фланговому защитнику (1)

Описание

1. Правый центральный защитник (30) пасует внутрь среднему центральному защитнику (4).
2. Средний центральный защитник (4) ведёт мяч вперёд.
3. Средний центральный защитник (4) пасует на ход левому центральному защитнику (5), который двигается вперёд.
4. Левый центральный защитник (5) пасует нападающему (10).
5. Атакующий полузащитник (21) двигается вперёд (по дуге), чтобы получить мяч после скидки от игрока №10.
6 и 7. Атакующий полузащитник (21) играет в стенку с опорным полузащитником (25).
8. Атакующий полузащитник (21) пасует другому атакующему полузащитнику (17), который переместился в выдвинутую позицию.
9. Опорный полузащитник (25) смещается поперёк, чтобы получить мяч после скидки от игрока № 17.
10. Опорный полузащитник (25) пасует внутрь атакующему полузащитнику (21).
11. Атакующий полузащитник (21) выполняет диагональный пас верхом за линию обороны соперника на ход фланговому защитнику (19).

Источник: тренировочное занятие Пепа Гвардиолы с «Манчестер Сити» во время предсезонного тура по США – Нэшвил – 29 июля 2017

3-5-2: Уверенное владение мячом + диагональный проникающий пас верхом

4. Перевод мяча от одного флангового защитника другому и обратно со скидками + диагональный пас верхом за спину защитникам соперника

Описание

1. Левый центральный защитник (5) пасует внутрь среднему центральному защитнику (4).
2. Средний центральный защитник (4) ведёт мяч вперед.
3. Средний центральный защитник (4) пасует обратно на ход левому центральному защитнику (5).
4. Левый центральный защитник (5) пасует на край левому фланговому защитнику (19).
5. Левый фланговый защитник (19) пасует внутрь атакующему полузащитнику (21) в «полуфланг».
6. Атакующий полузащитник (21) пасует нападающему (7), который смещается в «полуфланг».
7. Нападающий (7) пасует опорному полузащитнику (25) в центр.
8. Полузащитник (25) пасует на ход правому центральному защитнику (30), который двигается вперед.
9. Правый центральный защитник (30) пасует на край правому фланговому защитнику (2), который выдвинулся вперед.
10. Правый фланговый защитник (2) пасует назад атакующему полузащитнику (17), который сместился поперёк.
11. Атакующий полузащитник (17) выполняет длинную диагональную передачу верхом в штрафную площадь на ход левому фланговому защитнику (19).

Источник: тренировочное занятие Пепа Гвардиолы с «Манчестер Сити» во время предсезонного тура по США – Нэшвил – 29 июля 2017

3-5-2: Уверенное владение мячом + диагональный проникающий пас верхом

5. Быстрая комбинационная игра в центре со скидками + диагональный пас верхом за спину соперникам на ход фланговому защитнику (2)

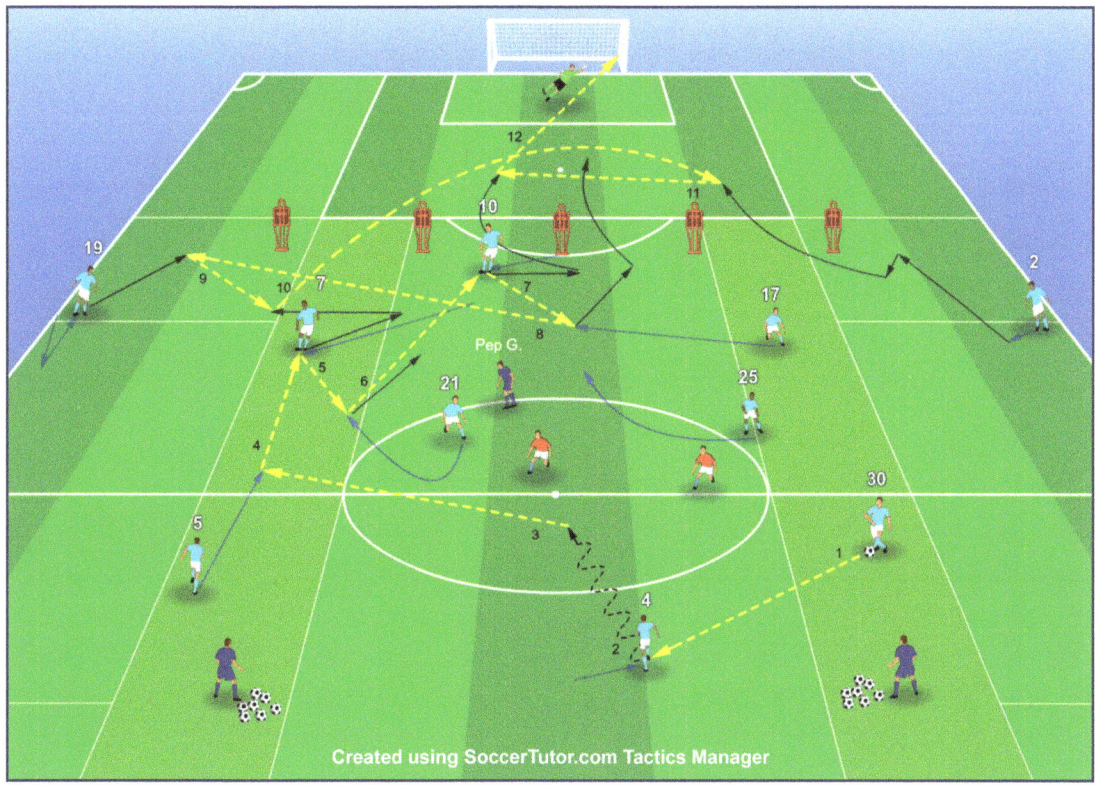

Описание

1. Правый центральный защитник (30) пасует назад среднему центральному защитнику (4).
2. Средний центральный защитник (4) ведёт мяч вперед.
3. Средний центральный защитник (4) пасует левому центральному защитнику (5) в «полуфланг».
4. Левый центральный защитник (5) пасует форварду (7), который сместился поперёк, чтобы принять мяч в «полуфланге».
5. Атакующий полузащитник (21) двигается вперед (по дуге), чтобы принять мяч после скидки.
6. Атакующий полузащитник (21) пасует нападающему (10).
7. Атакующий полузащитник (17) с правой стороны смещается в центр, чтобы принять мяч после скидки.
8. Атакующий полузащитник (17) пасует на край левому фланговому защитнику (19).
9. Нападающий (7) смещается поперек, чтобы принять мяч после скидки игрока №19.
10. Нападающий (7) выполняет диагональный пас верхом за спину линии обороны соперника на ход правому фланговому защитнику (2) с другой стороны, который скидывает мяч под удар игроку № 10.

Источник: тренировочное занятие Пепа Гвардиолы с «Манчестер Сити» во время предсезонного тура по США – Нэшвил – 29 июля 2017

3-5-2: Уверенное владение мячом + диагональный проникающий пас верхом

6. Быстрая комбинационная игра в «полуфланге» + диагональный пас верхом за линию обороны противоположному фланговому защитнику

Описание

1. Правый центральный защитник (5) пасует назад среднему центральному защитнику (4).
2. Средний центральный защитник (4) двигается вперед и пасует опорному полузащитнику (25).
3. Опорный полузащитник (25) пасует правому центральному защитнику (30).
4. Правый центральный защитник (30) пасует атакующему полузащитнику (17).
5. Опорный полузащитник (25) смещается, чтобы получить мяч после скидки от игрока №17.
6. Опорный полузащитник (25) пасует правому фланговому защитнику (2).
7. Правый фланговый защитник (2) пасует атакующему полузащитнику (17) в "полуфланг".
8. Опорный полузащитник (25) двигается, чтобы второй раз получить мяч после скидки игрока №17.
9 и 10. Опорный полузащитник (25) играет в «стенку» с атакующим полузащитником (21) с другой стороны, который сместился в центр поля.
11. Опорный полузащитник (25) выполняет диагональный пас верхом на левого флангового защитника (19) за линию обороны соперника.

Источник: тренировочное занятие Пепа Гвардиолы с «Манчестер Сити» во время предсезонного тура по США – Нэшвил – 29 июля 2017

Комбинационная игра с фланговым защитником с использованием маневров "отдай и беги" и "рывок за спину"

Непосредственно из тренировочных занятий Пепа Гвардиолы с командой «Манчестер Сити»

3-5-2: Комбинации «отдай и беги» и подключения через центр

1. Двойная комбинация «стенка», фланговый защитник получает мяч за спиной (1)

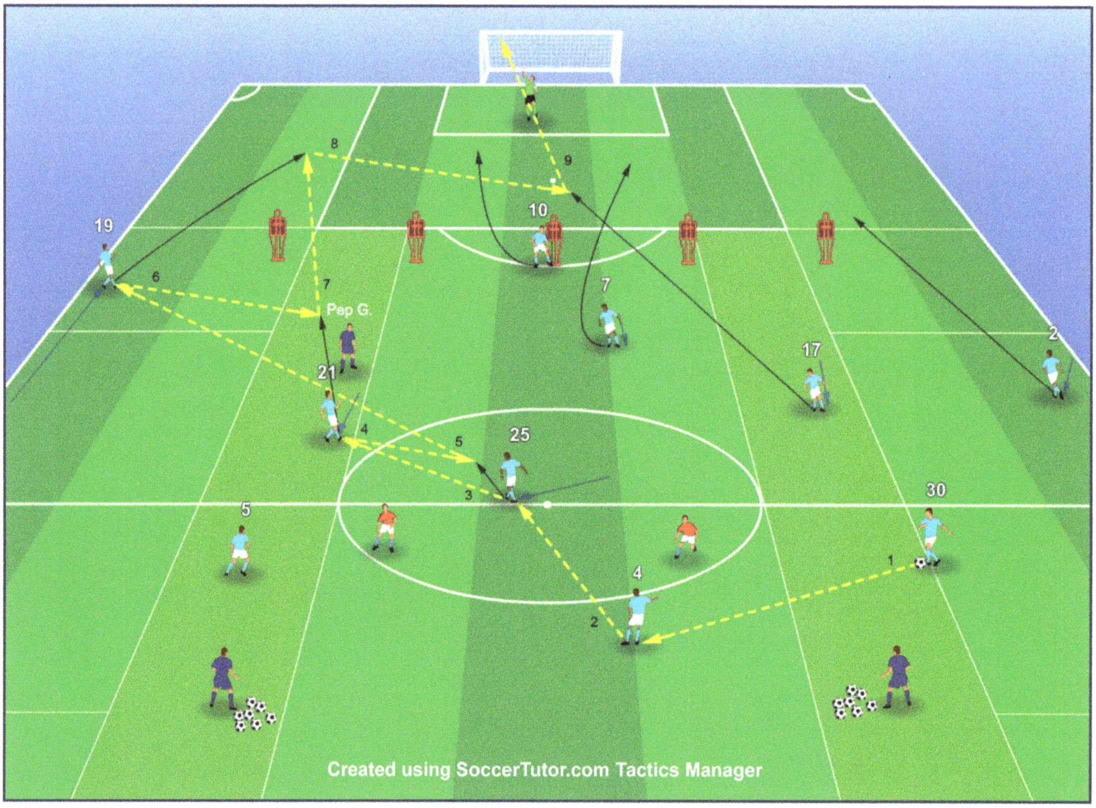

Описание

1. Правый центральный защитник (30) пасует внутрь среднему центральному защитнику (4).
2. Средний центральный защитник (4) пасует опорному полузащитнику (25) в центре.
3. Опорный полузащитник (25) пасует атакующему полузащитнику в "полуфланге" и двигается вперёд.
4. Атакующий полузащитник (21) скидывает мяч обратно, чтобы завершить комбинацию «стенка».
5. Опорный полузащитник (25) пасует фланговому защитнику (19), который получает мяч высоко на краю.
6. Левый фланговый защитник (19) пасует внутрь на ход атакующему полузащитнику (21) и бежит по диагонали за спину защитникам соперника.
7. Атакующий полузащитник (21) выполняет проникающий пас на ход фланговому защитнику (19), и завершает вторую комбинацию «стенка».
8. Фланговый защитник (19) простреливает низом для набегающих партнёров по команде.

Источник: тренировочное занятие Пепа Гвардиолы с «Манчестер Сити» во время предсезонного тура по США – Нэшвил – 29 июля 2017

3-5-2: Комбинации «отдай и беги» и подключения через центр

2. Двойная комбинация «стенка», фланговый защитник получает мяч за спиной (2)

Описание

1. Левый центральный защитник (5) пасует назад среднему центральному защитнику (4).
2. Средний центральный защитник (4) ведёт мяч вперед.
3. Средний центральный защитник (4) пасует опорному полузащитнику (25).
4. Опорный полузащитник (25) пасует атакующему полузащитнику (17) в "полуфланг".
5. Опорный полузащитник (25) двигается и получает мяч обратно от атакующего полузащитника (17) в «полуфланге», чтобы завершить комбинацию «стенка».
6. Опорный полузащитник (25) выполняет передачу на правый край фланговому защитнику (2), который сначала делает ложное открывание к своим воротам, а затем бежит вперед, чтобы получить мяч на ход.
7. Правый фланговый защитник (2) пасует внутрь атакующему полузащитнику (17) в «полуфланг» и бежит по диагонали в штрафную площадь.
8. Атакующий полузащитник (17) выполняет проникающий пас между манекенами на ход фланговому защитнику (2) и завершает комбинацию «стенка».
9. Правый фланговый защитник (2) выполняет прострел низом для набегающих партнёров по команде.

Источник: тренировочное занятие Пепа Гвардиолы с «Манчестер Сити» во время предсезонного тура по США – Нэшвил – 29 июля 2017

3-5-2: Комбинации «отдай и беги» и подключения через центр

3. Передача на край фланговому защитнику + проникающий пас в штрафную площадь на ход

Описание

1. Левый центральный защитник (5) пасует назад среднему центральному защитнику (4).
2. Средний центральный защитник (4) двигается вперед с мячом.
3. Средний центральный защитник (4) пасует опорному полузащитнику (25).
4. Опорный полузащитник (25) пасует на ход правому центральному защитнику (30).
5. Правый центральный защитник (30) пасует атакующему полузащитнику (17).
6. Опорный полузащитник (25) двигается, чтобы получить мяч после скидки.
7. Опорный полузащитник (25) пасует на край, на ход правому фланговому защитнику (2).
8. Правый фланговый защитник (2) выполняет диагональную передачу за линию обороны соперника атакующему полузащитнику (17), который бежит в штрафную площадь между манекенами.
9. Атакующий полузащитник (17) простреливает на набегающих партнёров по команде, которые стараются забить.

Источник: тренировочное занятие Пепа Гвардиолы с «Манчестер Сити» во время предсезонного тура по США – Нэшвил – 29 июля 2017

3-5-2: Комбинации «отдай и беги» и подключения через центр

4. Перевод мяча на слабый фланг + проникающий пас атакующему полузащитнику за спину защитникам соперника

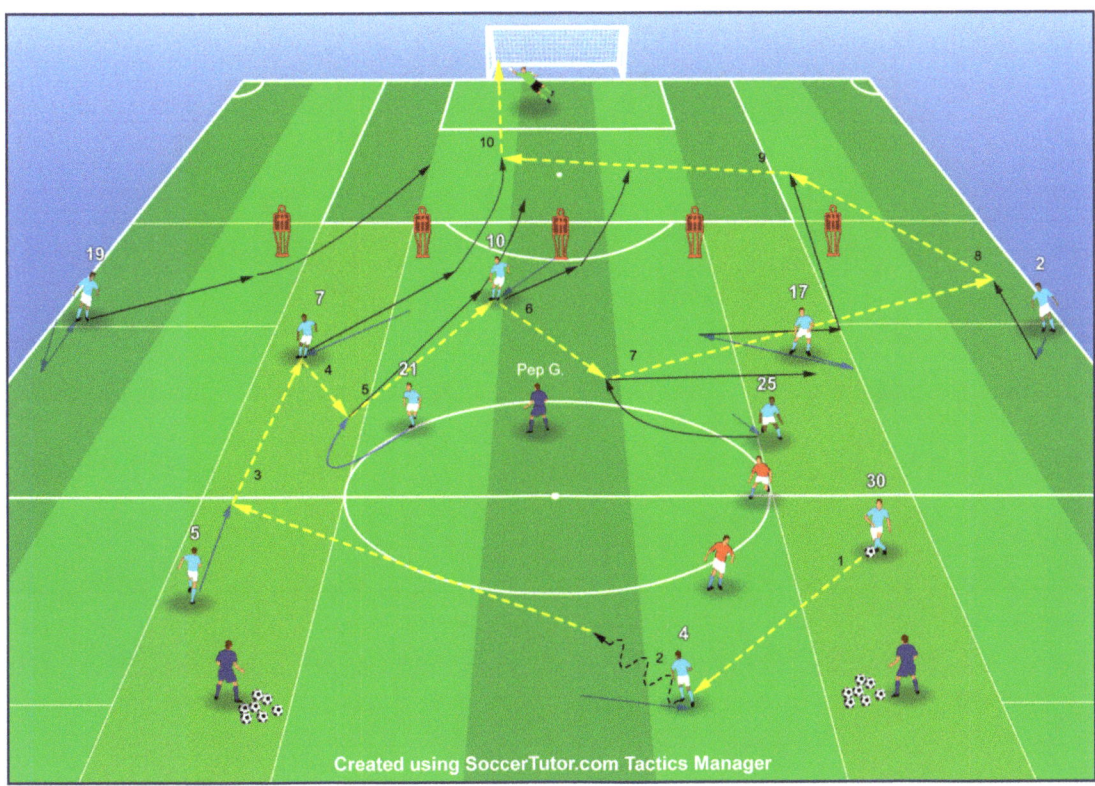

Описание

1. Правый центральный защитник (30) пасует назад среднему центральному защитнику (4).
2. Средний центральный защитник (4) слегка смещается с мячом влево.
3. Средний центральный защитник (4) пасует на ход левому центральному защитнику (5), который двигается вперед.
4. Левый центральный защитник (5) пасует форварду (7), который смещается поперёк поля, чтобы получить мяч в «полуфланге».
5. Атакующий полузащитник (17) смещается по дуге, чтобы получить пас после скидки в «полуфланге».
6. Атакующий полузащитник (17) пасует выдвинутому форварду (10) в центральной зоне.
7. Опорный полузащитник (25) перемещается и подстраивается, чтобы получить мяч после скидки.
8. Опорный полузащитник (25) пасует на край правому фланговому защитнику (2), который сначала выполняет ложное открывание к своим воротам, а затем бежит вперед, чтобы получить мяч.
9. Правый фланговый защитник (2) пасует на ход атакующему полузащитнику (17), который бежит принимать мяч за спину защитникам соперника.

Источник: тренировочное занятие Пепа Гвардиолы с «Манчестер Сити» во время предсезонного тура по США – Нэшвил – 29 июля 2017

3-5-2: Комбинации «отдай и беги» и подключения через центр

5. Проникающий пас вперёд сквозь линии, комбинация «стенка» на фланге, бег атакующего полузащитника в штрафную площадь

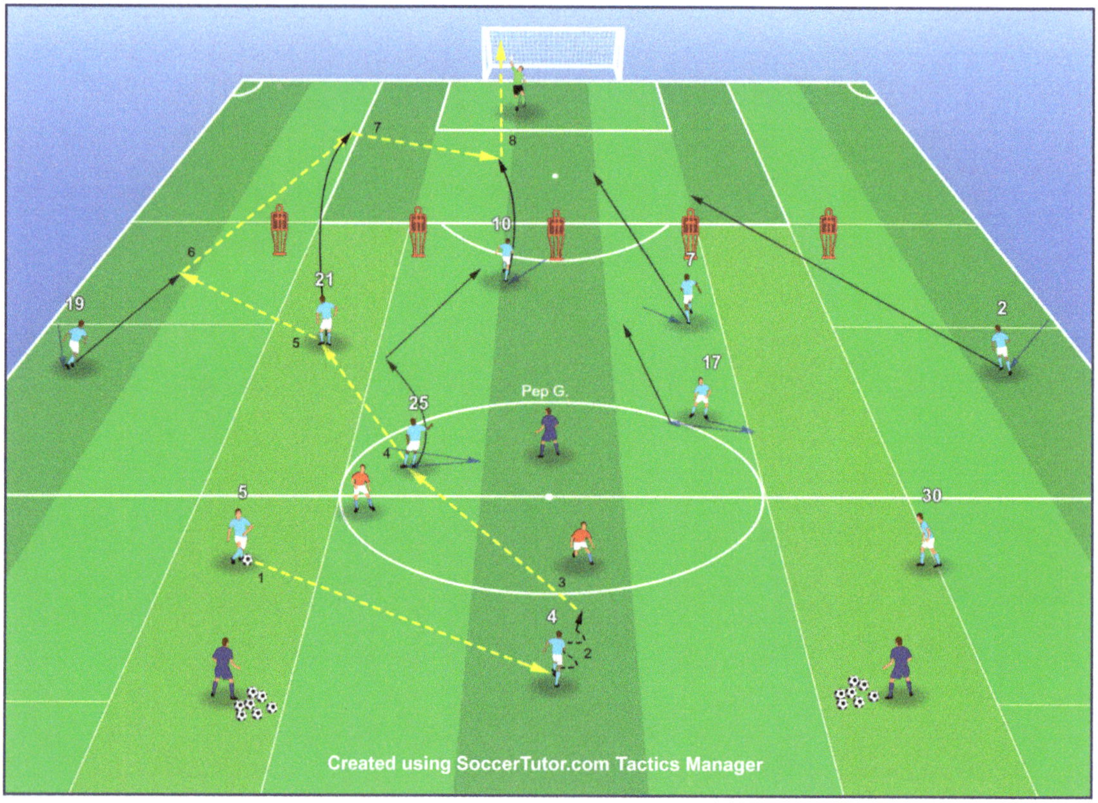

Описание

1. Левый центральный защитник (5) пасует назад среднему центральному защитнику (4).
2. Средний центральный защитник (4) ведёт мяч вперед.
3. Средний центральный защитник (4) пасует опорному полузащитнику (25), который делает ложное открывание, прежде чем получить мяч.
4. Опорный полузащитник (25) пасует атакующему полузащитнику (21) в «полуфланг».
5. Атакующий полузащитник (21) пасует на ход левому фланговому защитнику (19) и бежит в штрафную площадь.
6. Левый фланговый защитник (19) выполняет проникающий пас на ход атакующему полузащитнику (21) за спину защитникам соперника.
7. Атакующий полузащитник (21) пасует назад по диагонали на нападающего (10), который наносит удар по воротам.

Источник: тренировочное занятие Пепа Гвардиолы с «Манчестер Сити» во время предсезонного тура по США – Нэшвил – 29 июля 2017

Проникающий дриблинг атакующего полузащитника, который получает мяч и ведёт его через центр

Непосредственно из тренировочных занятий Пепа Гвардиолы с командой «Манчестер Сити»

3-5-2: Смещение атакующего полузащитника для приёма мяча + дриблинг через центр

1. Быстрая комбинационная игра внутри и вокруг «полуфланга» + пас в центр атакующему полузащитнику, который ведёт мяч в штрафную площадь

Описание

1. Левый центральный защитник (5) пасует назад среднему центральному защитнику (4).
2. Средний центральный защитник (4) двигается вперед с мячом.
3. Средний центральный защитник (4) пасует опорному полузащитнику (25).
4. Опорный полузащитник (25) пасует правому центральному защитнику (30).
5. Правый центральный защитник (30) пасует нападающему (10).
6. Атакующий полузащитник (17) перемещается, чтобы получить мяч в «полуфланге».
7. Правый атакующий полузащитник (17) пасует левому атакующему полузащитнику (21), который двигается вперед и в центр.
8. Атакующий полузащитник (21) получает мяч и ведет его между манекенами в направлении ворот.
9. Атакующий полузащитник (21) наносит удар из-за пределов штрафной площади.

Источник: тренировочное занятие Пепа Гвардиолы с «Манчестер Сити» во время предсезонного тура по США – Нэшвил – 29 июля 2017

3-5-2: Смещение атакующего полузащитника для приёма мяча + дриблинг через центр

2. Оба нападающих смещаются поперёк, комбинируют и создают пространство для атакующего полузащитника, который ведёт мяч в штрафную площадь

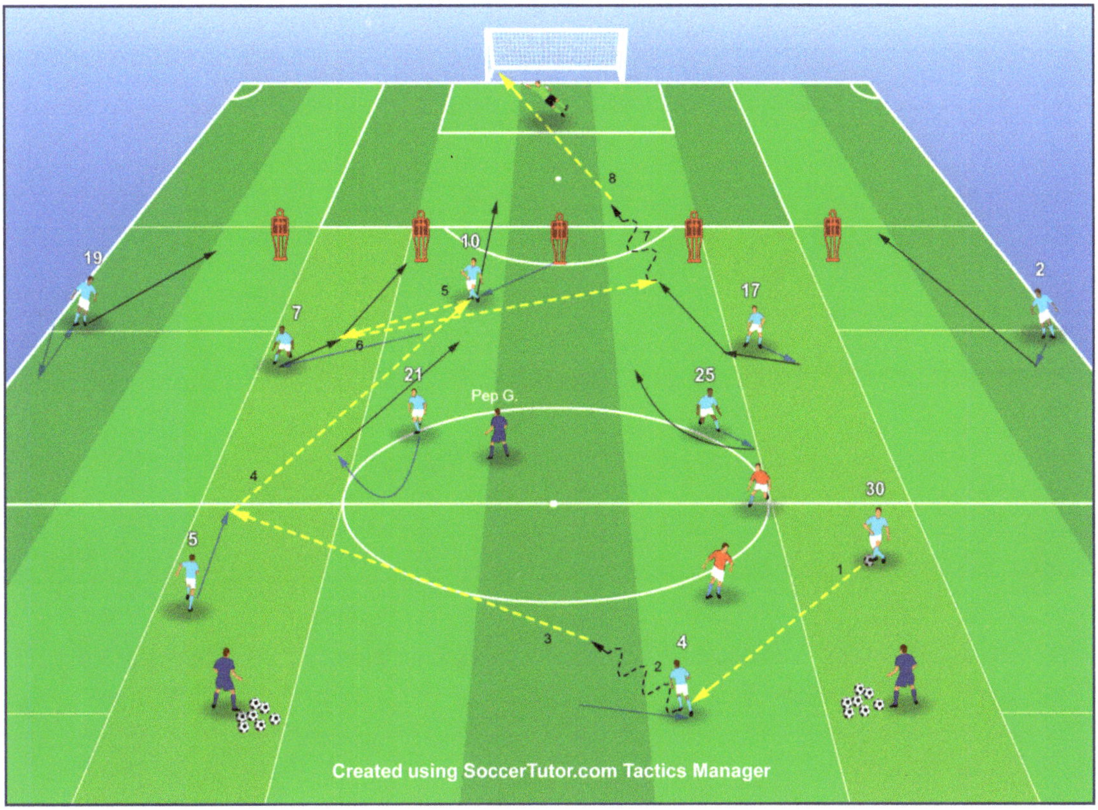

Описание

1. Правый центральный защитник (30) пасует назад среднему центральному защитнику (4).
2. Средний центральный защитник (4) слегка смещается с мячом влево.
3. Средний центральный защитник (4) пасует на ход левому центральному защитнику (5), который двигается вперёд.
4. Левый центральный защитник (5) пасует нападающему (10), который слегка смещается поперёк поля.
5. Второй форвард (7) сместился влево в «полуфланг», а затем развернулся и подстраивается под скидку мяча от нападающего (10).
6. Второй форвард (7) пасует правому атакующему полузащитнику (17), который двигается вперёд и к центру.
7. Атакующий полузащитник (17) получает мяч и ведёт его между манекенами в направлении ворот.
8. Атакующий полузащитник (17) входит с мячом в штрафную площадь и бьёт.

Источник: тренировочное занятие Пепа Гвардиолы с «Манчестер Сити» во время предсезонного тура по США – Нэшвил – 29 июля 2017

АТАКУЮЩИЕ КОМБИНАЦИИ С ЗАВЕРШЕНИЕМ

АТАКУЮЩИЕ КОМБИНАЦИИ С ЗАВЕРШЕНИЕМ

«Мой футбол прост: я люблю атаковать, атаковать и атаковать».

«Я люблю атаковать. Это моя идея футбола. Что интригует, так это скорость атаки».

Атакующие комбинации, создание голевых моментов и завершение.

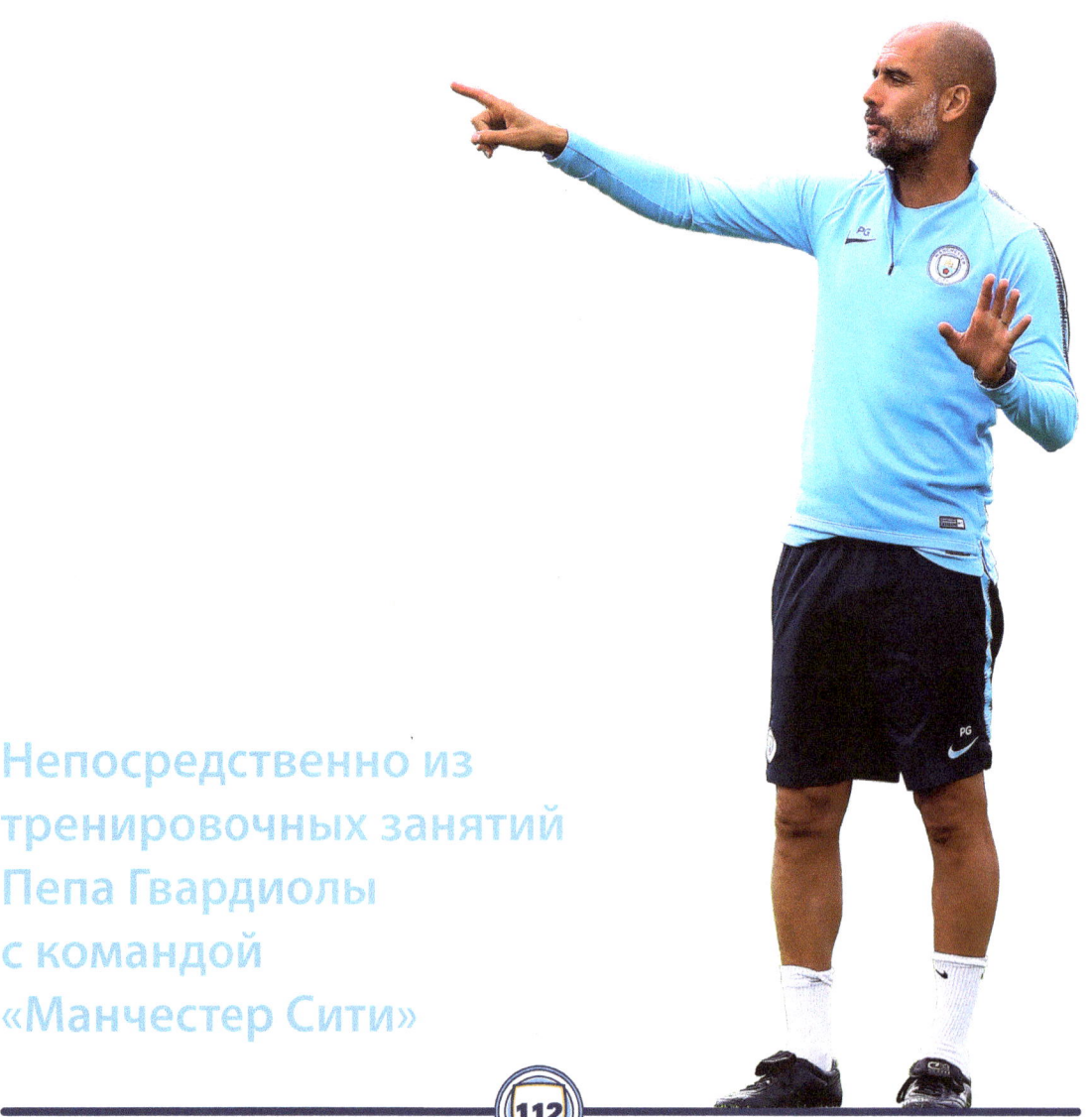

Непосредственно из тренировочных занятий Пепа Гвардиолы с командой «Манчестер Сити»

Пеп Гвардиола: Атакующая комбинационная игра для создания моментов и завершения

1. Пас и открывание для приёма мяча в атакующей комбинации со скидкой, дриблингом и завершением

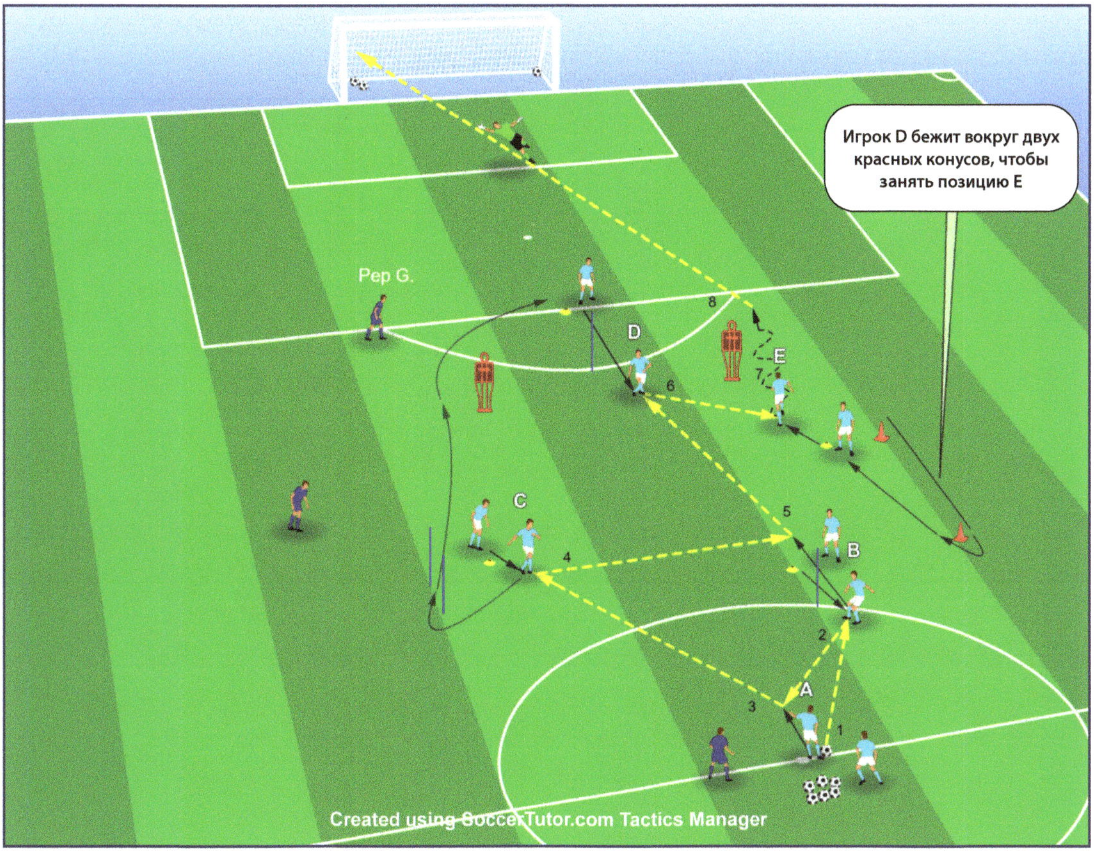

Игрок D бежит вокруг двух красных конусов, чтобы занять позицию E

Описание

1. Игрок A пасует игроку B, который падает назад за стойку.
2. Игрок B возвращает мяч обратно на ход игроку A, завершив комбинацию стенка.
3. Игрок B пасует игроку C.
4. Игрок C пасует поперёк игроку B, который выбежал из-за стойки.
5. Игрок B пасует вперёд игроку D, который двигается назад.
6. Игрок D выполняет скидку мяча на ход игроку E, который бежит вперед.
7. Игрок E получает мяч и ведет его мимо манекена.
8. Игрок E бьет по воротам.
9. Игроки меняют позиции: A -> B -> C -> D -> E -> A.

Источник: тренировочное занятие Пепа Гвардиолы с «Манчестер Сити» на тренировочном поле «Этихад Кампус», Манчестер – 12 июля 2017

Пеп Гвардиола: Атакующая комбинационная игра для создания моментов и завершения

2. Комбинационная игра в пас, «стенка» для приёма мяча за спиной соперника и завершение

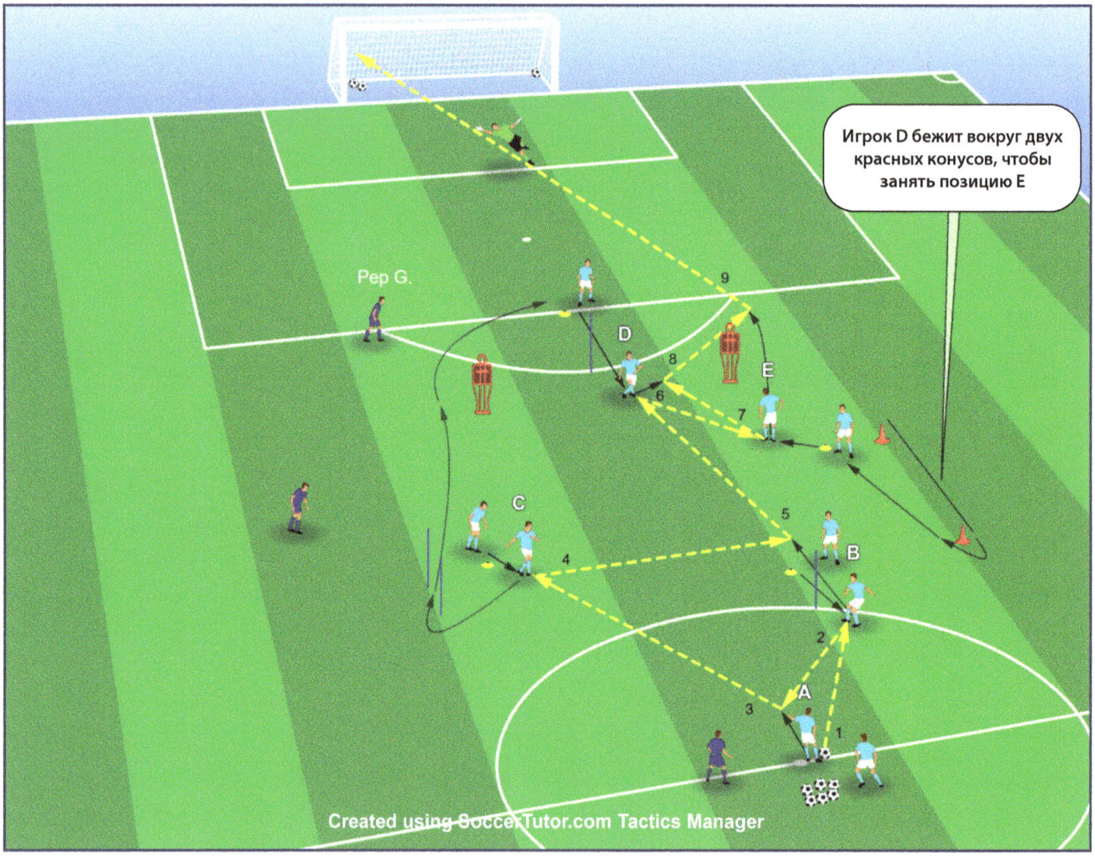

Игрок D бежит вокруг двух красных конусов, чтобы занять позицию E

Описание

- В этом варианте предыдущего упражнения игрок E не ведет мяч вперед после получения скидки от игрока D.

- Вместо этого игрок E выполняет комбинацию стенка с игроком D и наносит удар после получения ответного паса за спиной манекена.

- Игроки меняют позиции: A -> B -> C -> D -> E -> A.

Источник: тренировочное занятие Пепа Гвардиолы с «Манчестер Сити» на тренировочном поле «Этихад Кампус», Манчестер – 12 июля 2017

3. Комбинационная игра в пас + приём передачи низом на ход, «стенка» и удар

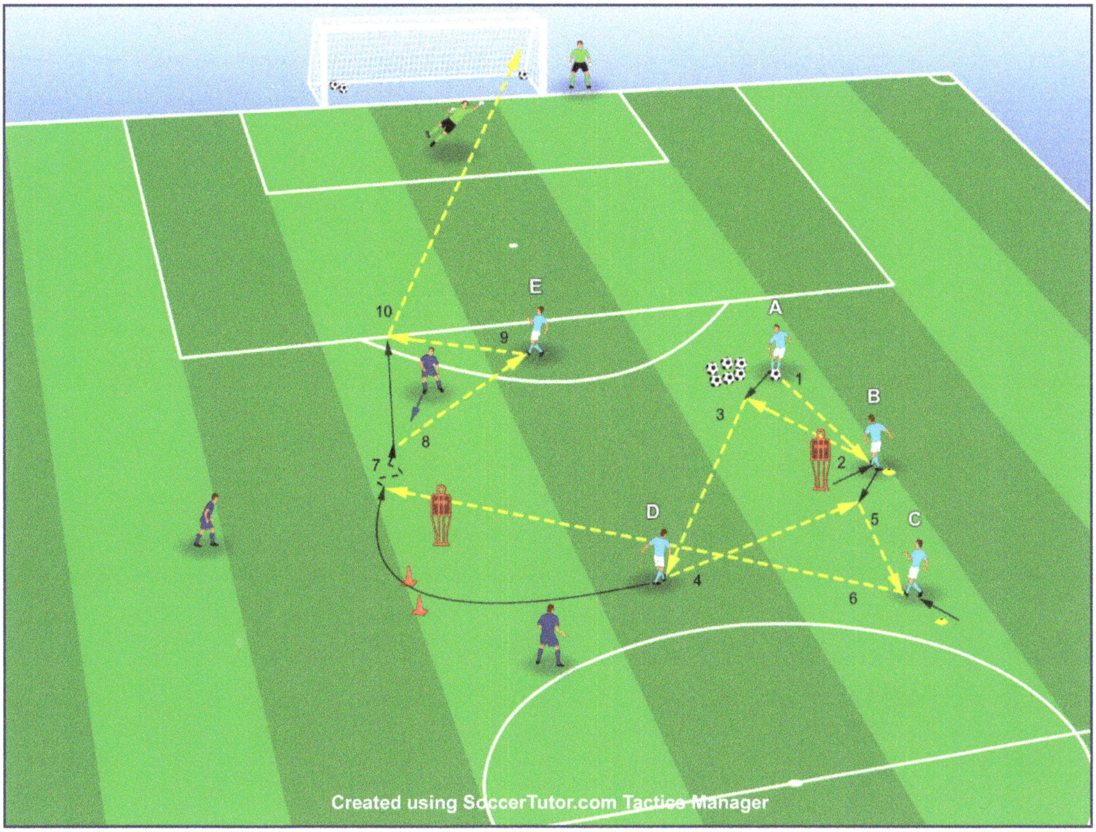

Описание

1. Игрок A пасует назад игроку B.
2. Игрок B пасует обратно игроку A, чтобы завершить комбинацию стенка.
3. Игрок A пасует по диагонали игроку D.
4. Игрок D пасует игроку B, который развернулся, чтобы получить мяч.
5. Игрок B пасует назад игроку C.
6. Игрок C выполняет самый длинный пас в последовательности на ход игроку D (который после паса бежит по дуге между красными конусами как показано на рисунке).
7. Игрок D ведет мяч вперёд, а тренер оказывает на него пассивное давление.
8. Игрок D пасует игроку E и бежит за спину тренеру.
9. и 10. Игрок E выполняет ответный пас, на ход игроку D (комбинация стенка), который наносит удар.
11. игроки меняют позиции:
A -> B -> C ->D ->E ->A.

Источник: тренировочное занятие Пепа Гвардиолы с «Манчестер Сити» на тренировочном поле «Этихад Кампус», Манчестер – 3 мая 2018

Пеп Гвардиола: Атакующая комбинационная игра для создания моментов и завершения

4. Комбинационная игра в пас + приём передачи верхом на ход, «стенка» и удар

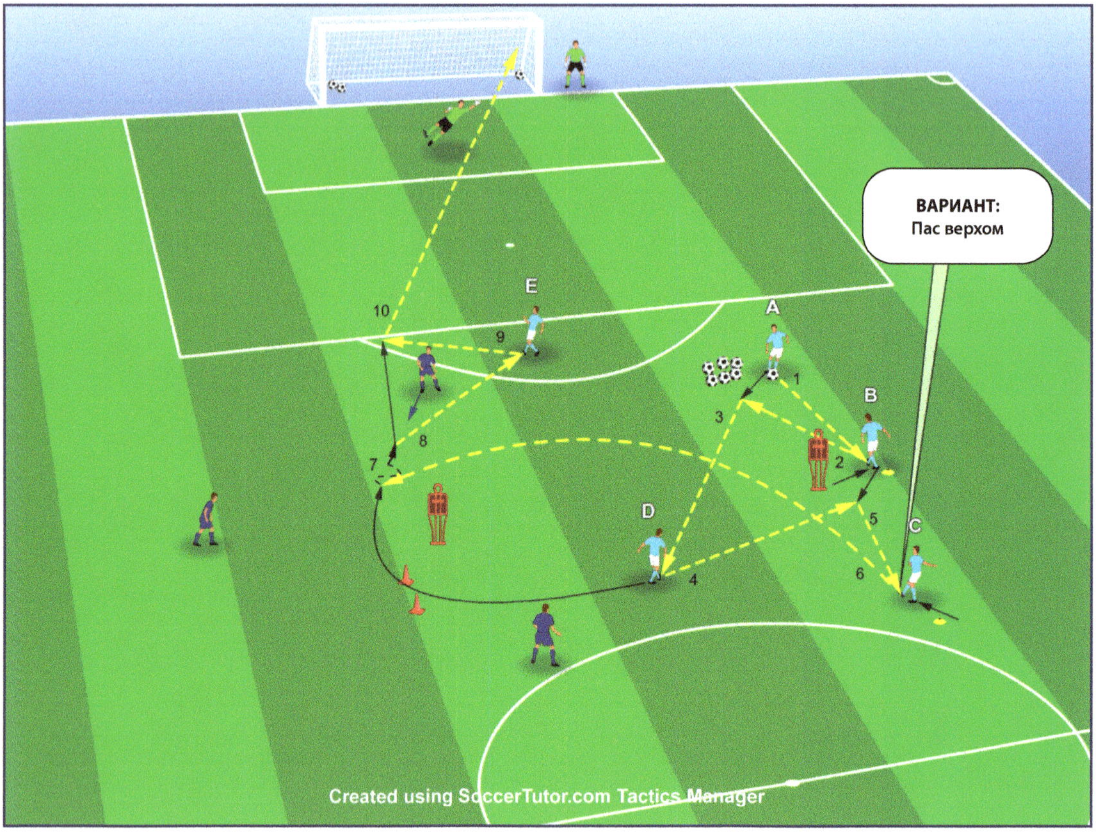

ВАРИАНТ: Пас верхом

Описание

- В этом варианте предыдущего упражнения игрок C выполняет передачу верхом вместо паса низом.

- Остальные части упражнения такие же, как и в предыдущем.

- Игроки меняют позиции:
A -> B -> C -> D -> E -> A.

Источник: тренировочное занятие Пепа Гвардиолы с «Манчестер Сити» на тренировочном поле «Этихад Кампус», Манчестер – 3 мая 2018

Пеп Гвардиола: Атакующая комбинационная игра для создания моментов и завершения

5. Комбинационная игра в пас и диагональная передача верхом «на третьего» за спину защитникам соперника + завершение

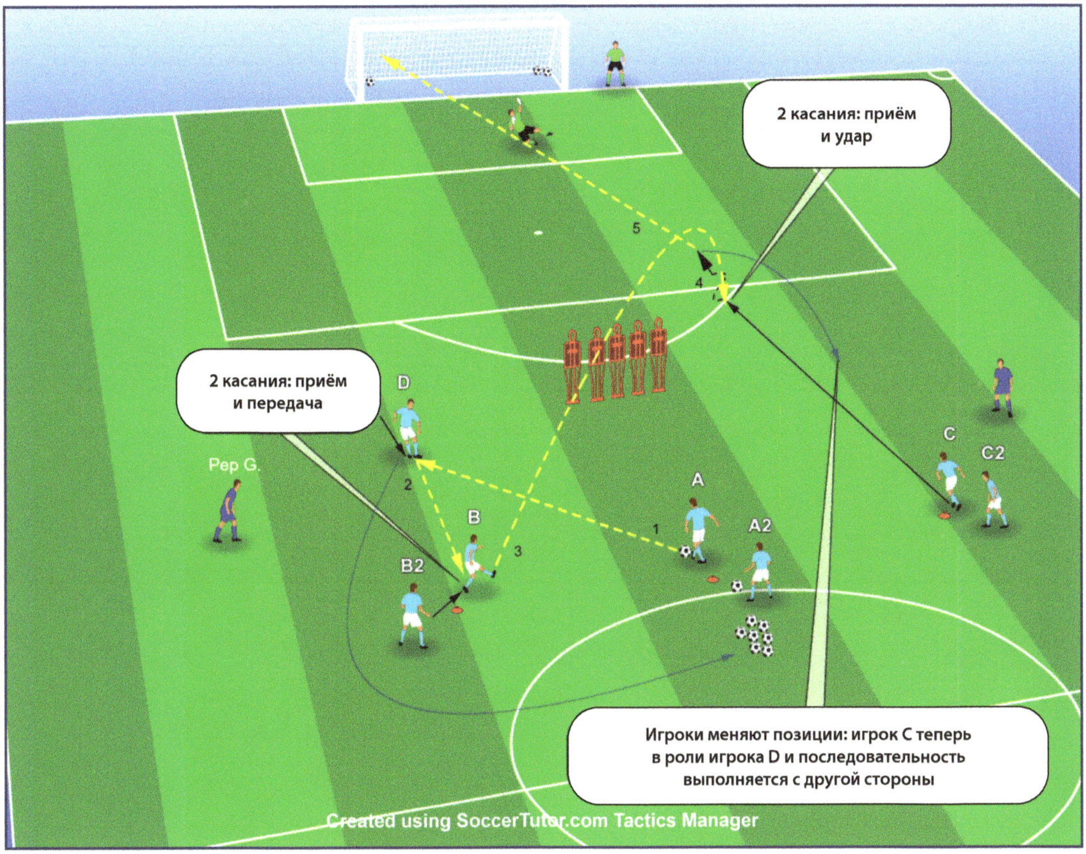

2 касания: приём и удар

2 касания: приём и передача

Игроки меняют позиции: игрок C теперь в роли игрока D и последовательность выполняется с другой стороны

Описание

1. Игрок A пасует по диагонали игроку D.
2. Игрок D двигается назад и пасует игроку B.
3. Игрок C своевременно бежит вперед. Игрок B принимает мяч и выполняет передачу верхом над манекенами (2 касания), хорошо рассчитанную по времени, чтобы C встретился с мячом в нужной точке.
4 и 5. Игрок C принимает мяч и наносит удар (2 касания).
6. Игроки меняют позиции.
7. Упражнение повторяется на противоположной стороне, когда игрок C играет роль игрока D.

Источник: тренировочное занятие Пепа Гвардиолы с «Манчестер Сити» на тренировочном поле «Этихад Кампус», Манчестер

Пеп Гвардиола: Атакующая комбинационная игра для создания моментов и завершения

6. «Стенка», диагональный проникающий пас в штрафную площадь, прострел и завершение

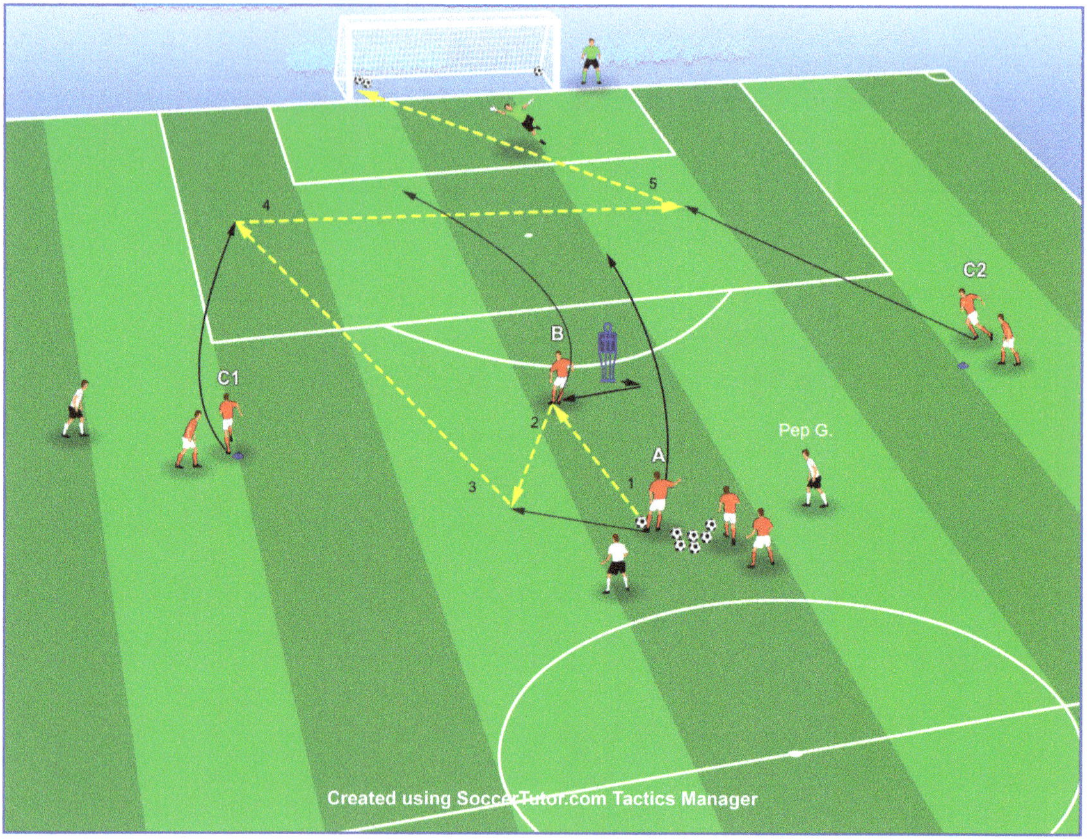

Описание

1. Игрок A пасует игроку B, который открывается (отбегает от манекена), прежде чем получить мяч.

2. Игрок A смещается поперёк, чтобы получить обратный пас от игрока B (завершает комбинацию стенка).

3. Игрок A получает мяч и выполняет диагональный проникающий пас на ход игроку C1 в штрафную площадь.

4. Игрок C1 получает мяч после своевременного движения вперед и простреливает низом для набегающих партнёров по команде.

5. Игроки A, B и C2 бегут в штрафную площадь, чтобы попытаться забить после прострела. Игрок C2 наносит удар в примере на диаграмме.

6. Повторить последовательность действий с противоположной стороны: следующий игрок A играет в стенку с игроком B, а затем смещается вправо и выполняет диагональный проникающий пас на ход игроку C2 в штрафную площадь.

Источник: тренировочное занятие Пепа Гвардиолы с «Баварией» Мюнхен на тренировочном поле Зэбенер Штрассе, Мюнхен – 13 ноября 2014

Пеп Гвардиола: Атакующая комбинационная игра для создания моментов и завершения

7. «Стенка», диагональная передача верхом за спину соперникам, завершение после прострела

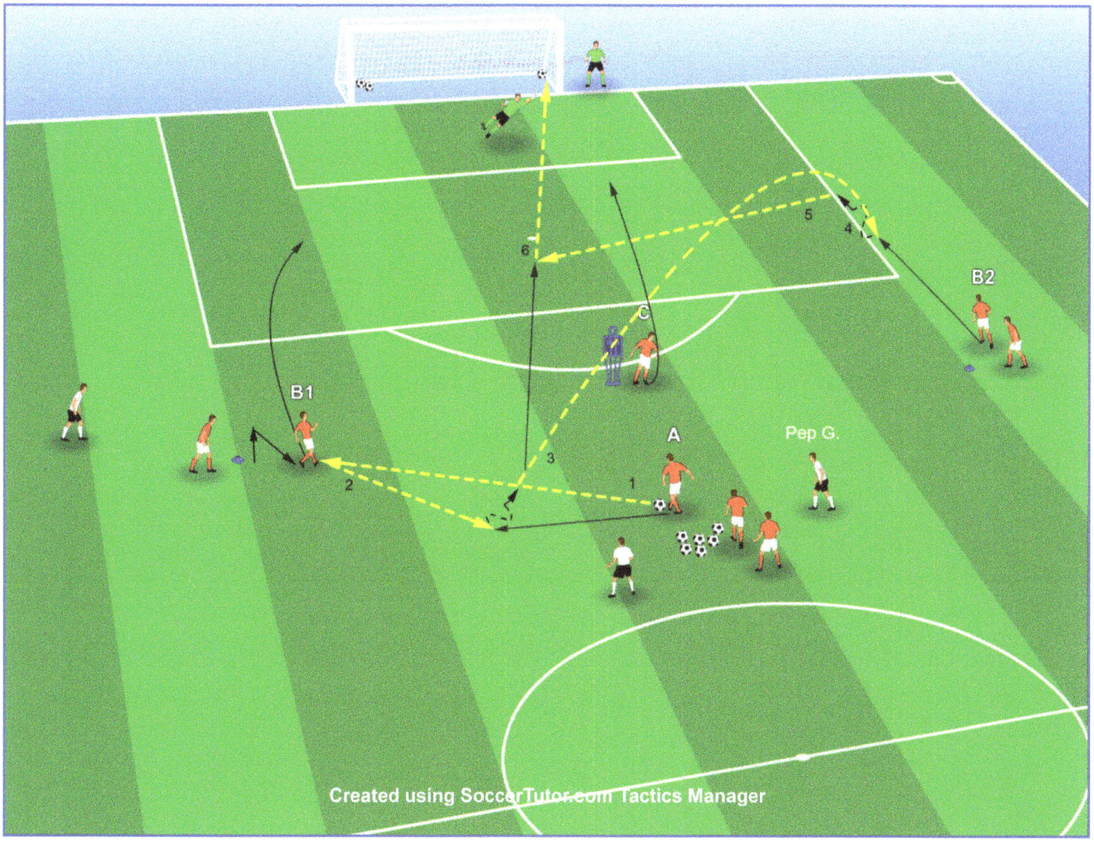

Описание

1. Игрок A пасует игроку B1, который открывается (отбегает от своего конуса), прежде чем получить мяч.

2. Игрок A смещается поперёк, чтобы получить обратный пас (комбинация стенка), принимает мяч и подрабатывает его под правую ногу.

3. Игрок A выполняет передачу верхом за спину сопернику на ход игроку B2, который своевременно бежит вперёд.

4. Игрок B2 принимает мяч, подрабатывает его вперёд.

5. Игрок B2 простреливает либо игроку C, который бежит на ближнюю штангу, либо игроку A, который бежит вперед по центру, либо игроку B1, который бежит на дальнюю штангу.

6. Игрок A, B1 или C пытается забить. Игрок A наносит удар в примере на диаграмме.

7. Повторите последовательность действий с противоположной стороны: следующий игрок A играет в стенку с игроком B2, а затем и выполняет диагональный проникающий пас верхом на ход игроку B1.

Источник: тренировочное занятие Пепа Гвардиолы с «Баварией» Мюнхен на тренировочном поле Зэбенер Штрассе, Мюнхен – 13 ноября 2014

8. «Стенка», диагональ в «полуфланг», забегание, прострел и завершение

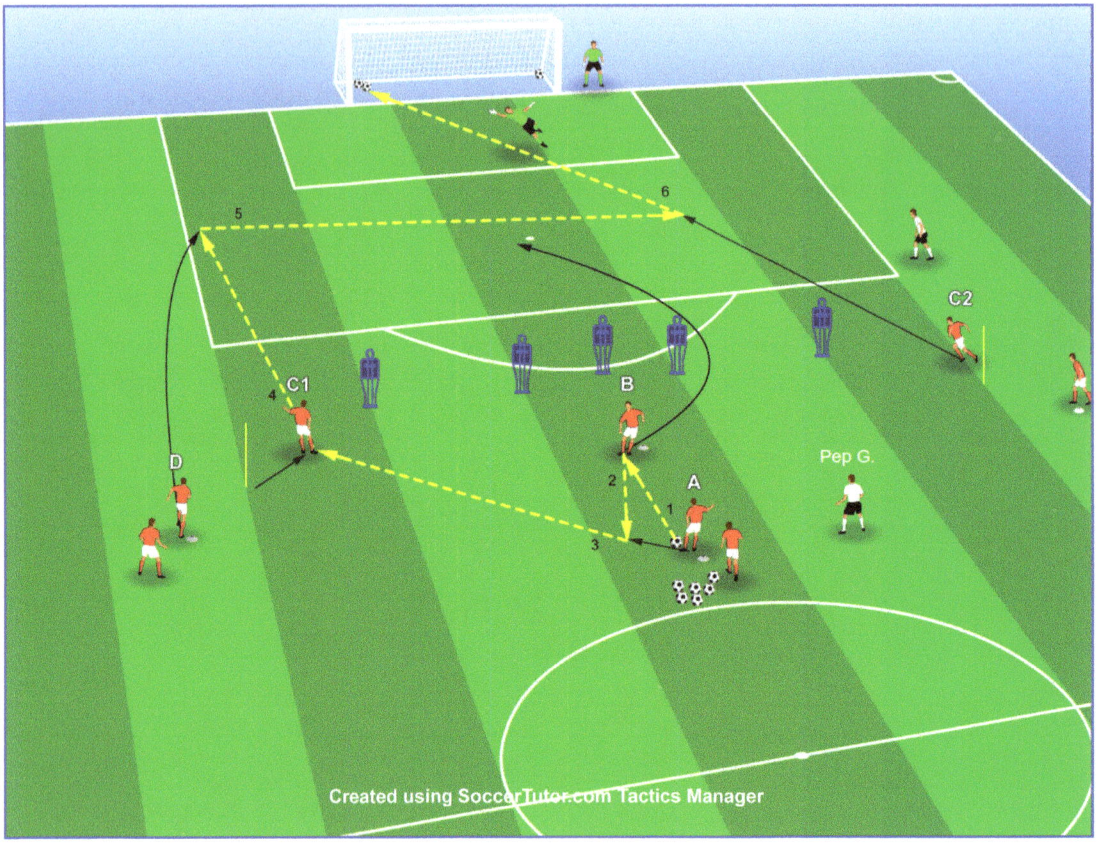

Описание

1. Игрок А пасует игроку В.
2. Игрок А смещается влево, чтобы получить обратный пас от игрока В (комбинация стенка).
3. Игрок А отдаёт диагональный пас игроку С1, который получает мяч на ходу.
4. Игрок С1 пасует игроку D, который забегает, чтобы получить мяч позади линии защиты соперника.
5. Игрок D простреливает либо игроку В либо игроку С2.
6. Игроки В или С2 пытаются забить. Игрок С2 наносит удар в примере на диаграмме.
7. Повторите последовательность действий с противоположной стороны: следующий игрок А играет в стенку с В, а затем пасует игроку С2.

Игроки А и В меняются местами после каждой последовательности. Игроки С1, С2 и D остаются на своих местах..

Источник: тренировочное занятие Пепа Гвардиолы с «Баварией» Мюнхен в Дохе, Катар – 7 января 2014

Пеп Гвардиола: Атакующая комбинационная игра для создания моментов и завершения

9. Быстрые ноги, «стенка» и диагональная передача верхом за спину сопернику для партнера по команде, который принимает мяч и бьёт

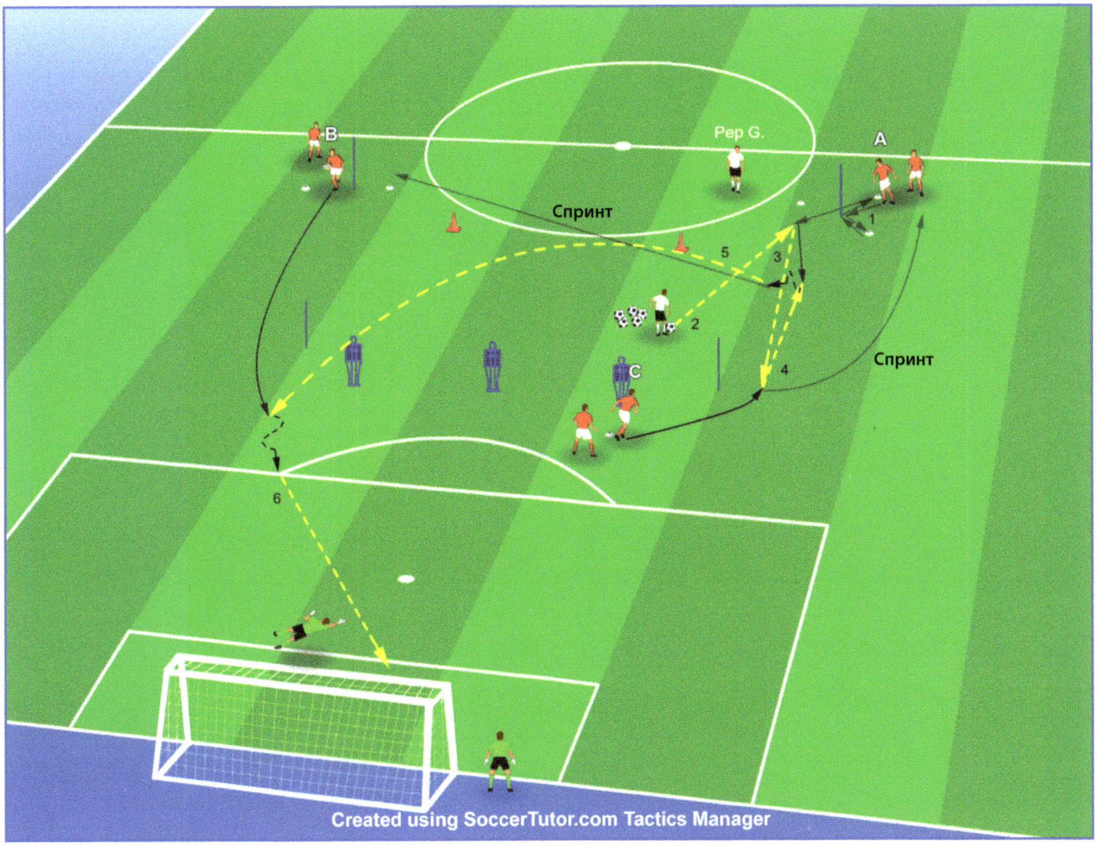

Описание

1. Игрок А выполняет быстрые шаги к стойке и обратно дважды, а затем двигается вперед.
2. Тренер пасует игроку А.
3. Игрок А пасует игроку С, который двигается назад как показано.
4. Игрок С передает мяч обратно игроку А.
5. Игрок А получает мяч, подрабатывает его под правую ногу и выполняет диагональную передачу верхом (над манекенами) на ход игроку В.
6. Игроки меняют позиции (A -> B -> C ->A), и упражнение продолжается.

Вы можете выполнять это упражнение с любой стороны.

Источник: тренировочное занятие Пепа Гвардиолы с «Баварией» Мюнхен на тренировочном поле Зэбенер Штрассе, Мюнхен

Пеп Гвардиола: Атакующая комбинационная игра для создания моментов и завершения

10. Комбинационная игра в короткий пас, передача на край, подача и своевременный бег в штрафную площадь

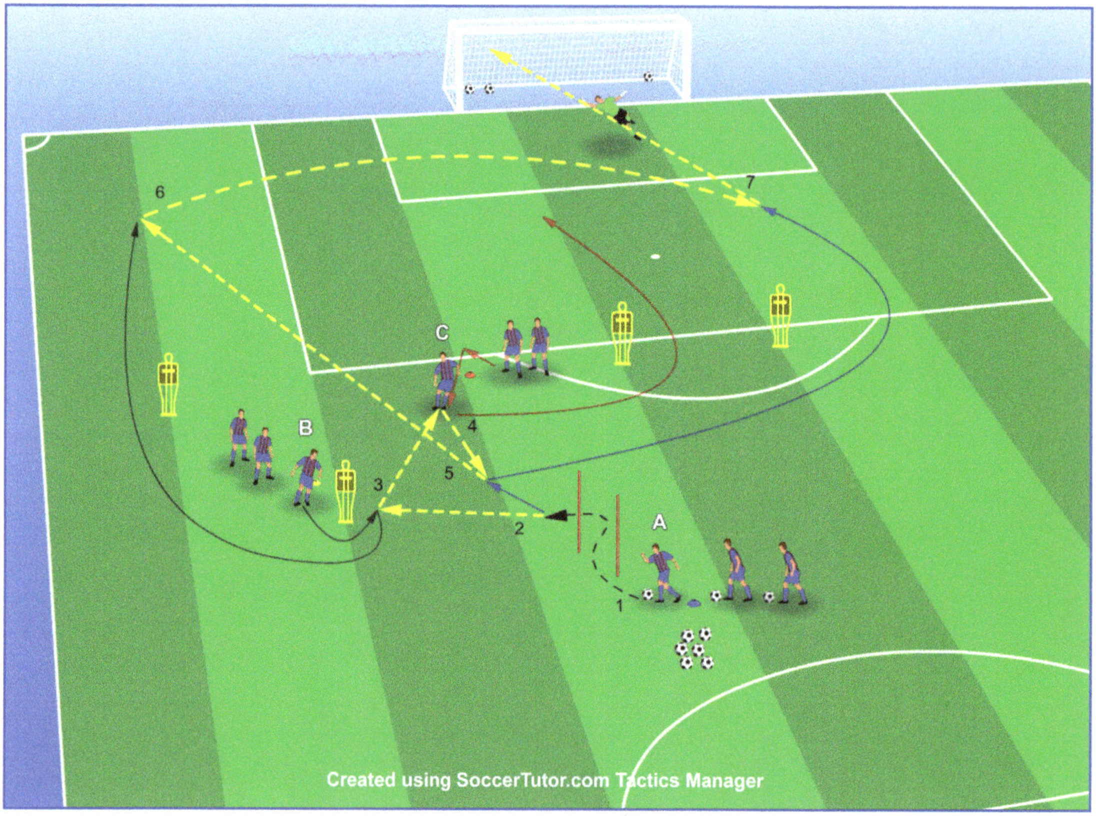

Описание

1. Игрок А ведет мяч между стоек.
2. Игрок А пасует игроку B, который падает назад, а затем вперед, чтобы получить мяч перед манекеном.
3. Игрок B пасует игроку C.
4. Игрок C скидывает мяч игроку A.
5. Игрок A выполняет передачу в направлении углового флага на ход игроку B, который пробежал по дуге за манекенами.
6. Игрок B подаёт в штрафную площадь.
7. Игроки A и C бегут по дуге вокруг манекенов в штрафную площадь, пытаясь забить после подачи. Игрок A наносит удар в примере на диаграмме.
8. После 4 повторений каждой тройкой, отдохните 3-4 минуты, а затем повторите упражнение на правой стороне поля.

Источник: тренировочное занятие Пепа Гвардиолы в Барселоне (2007-08)

11. Комбинация со скидкой, передачей на край, прострелом и своевременным бегом в штрафную площадь

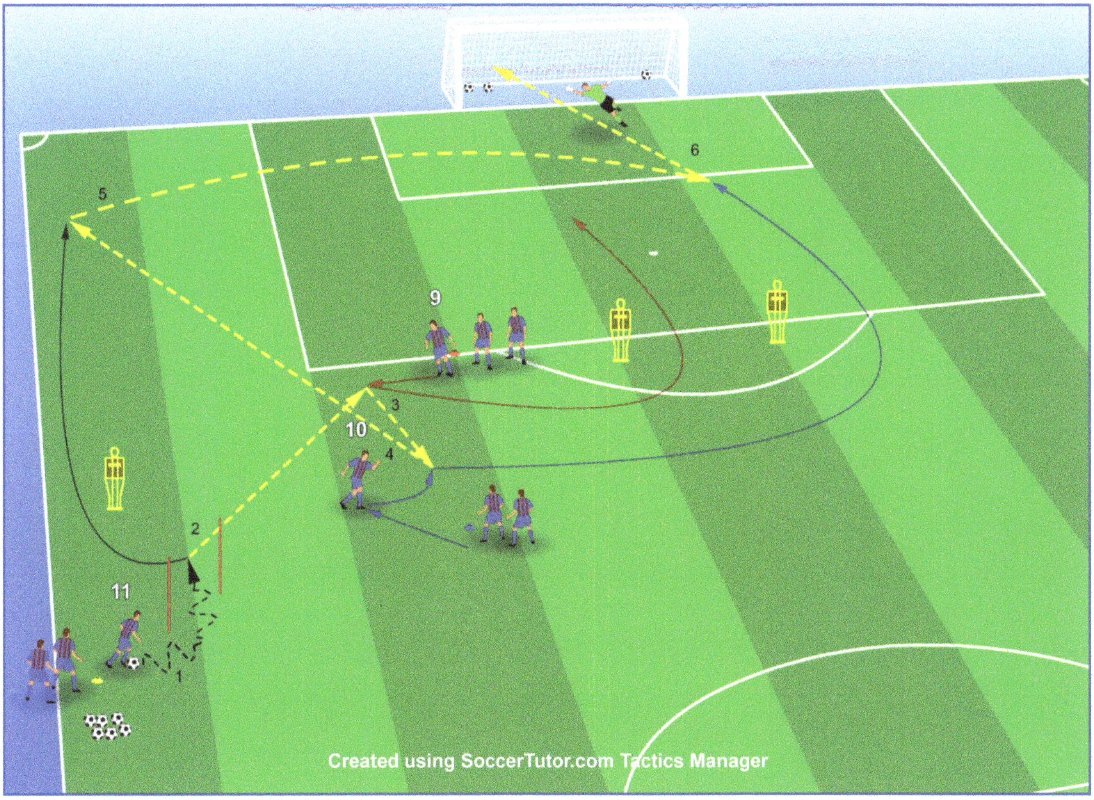

Описание

1. Левый вингер (11) ведёт мяч между стоек.

2. Левый вингер (11) выполняет диагональный пас нападающему (9).

3. Нападающий (9) скидывает мяч в направлении атакующего полузащитника (10), который сначала двигался по диагонали вперед, а затем сместился поперёк, чтобы принять мяч.

4. Атакующий полузащитник (10) пасует в направлении углового флага на ход левому вингеру (11), который бежит вперёд по дуге за манекеном.

5. Левый вингер (11) подаёт в штрафную площадь.

6. Оба игрока бегут по дуге вокруг манекенов в штрафную площадь, чтобы забить: форвард (9) на ближнюю штангу, атакующий полузащитник (10) на дальнюю штангу.

7. Игроки меняют позиции (11 -> 9 -> 10 -> 11).

8. После 3 повторений, отдохните 3-4 минуты, а затем повторите упражнение на правой стороне поля.

Источник: тренировочное занятие Пепа Гвардиолы в Барселоне (2007-08)

Пеп Гвардиола: Атакующая комбинационная игра для создания моментов и завершения

12. Нападающие бегут в штрафную площадь, подача и завершение

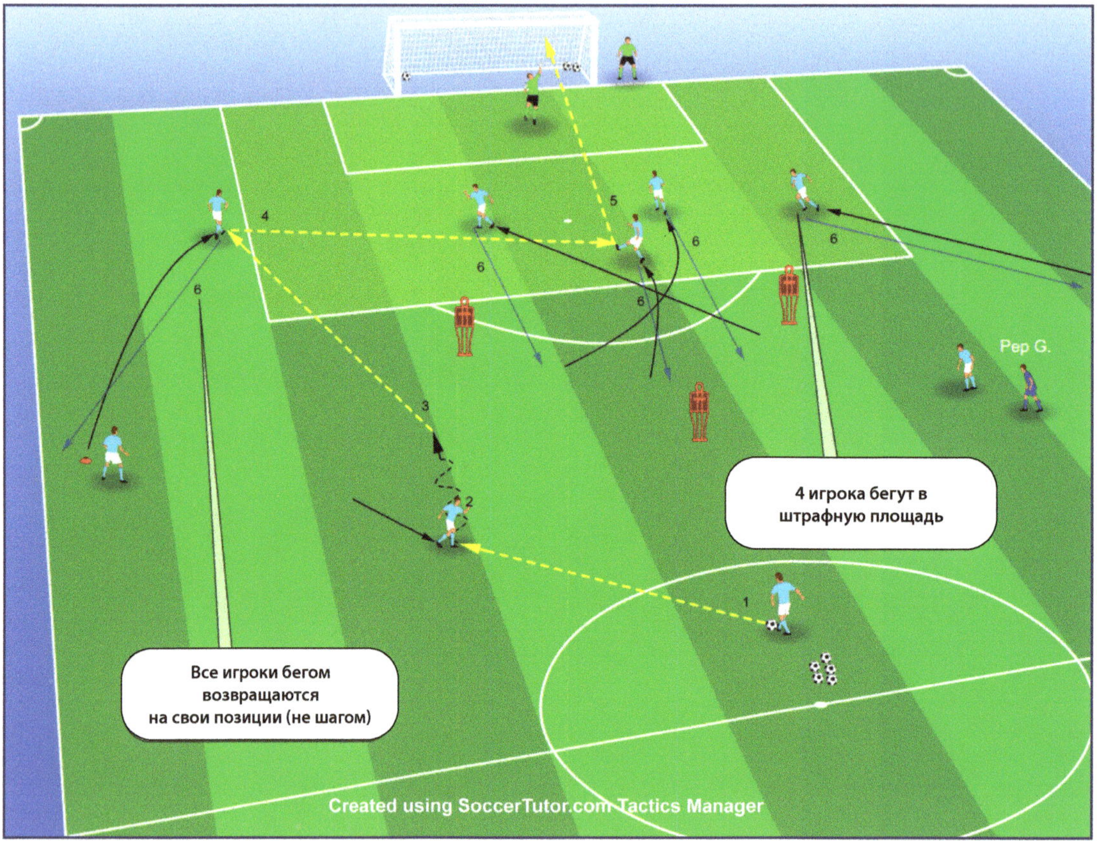

[Диаграмма упражнения на футбольном поле]

- 4 игрока бегут в штрафную площадь
- Все игроки бегом возвращаются на свои позиции (не шагом)

Описание

1. Сервер (опорный полузащитник) пасует левому атакующему полузащитнику, который двигается назад, чтобы получить мяч.

2. Атакующий полузащитник ведет мяч, а левый вингер бежит вперед.

3. Атакующий полузащитник пасует на ход левому вингеру, который получает мяч сбоку от штрафной площади.

4. Левый вингер выполняет подачу в штрафную площадь.

5. Три атакующих игрока, которые ждали на границе штрафной площади, и правый вингер бегут вперед в штрафную, чтобы попытаться замкнуть подачу.

6. Все игроки бегом возвращаются на свои исходные позиции (не шагом), и упражнение повторяется с правой стороны.

Источник: тренировочное занятие Пепа Гвардиолы с «Манчестер Сити» на тренировочном поле «Этихад Кампус», Манчестер

Пеп Гвардиола: Атакующая комбинационная игра для создания моментов и завершения

13. Комбинационная игра в короткий пас на фланге, подача и завершение

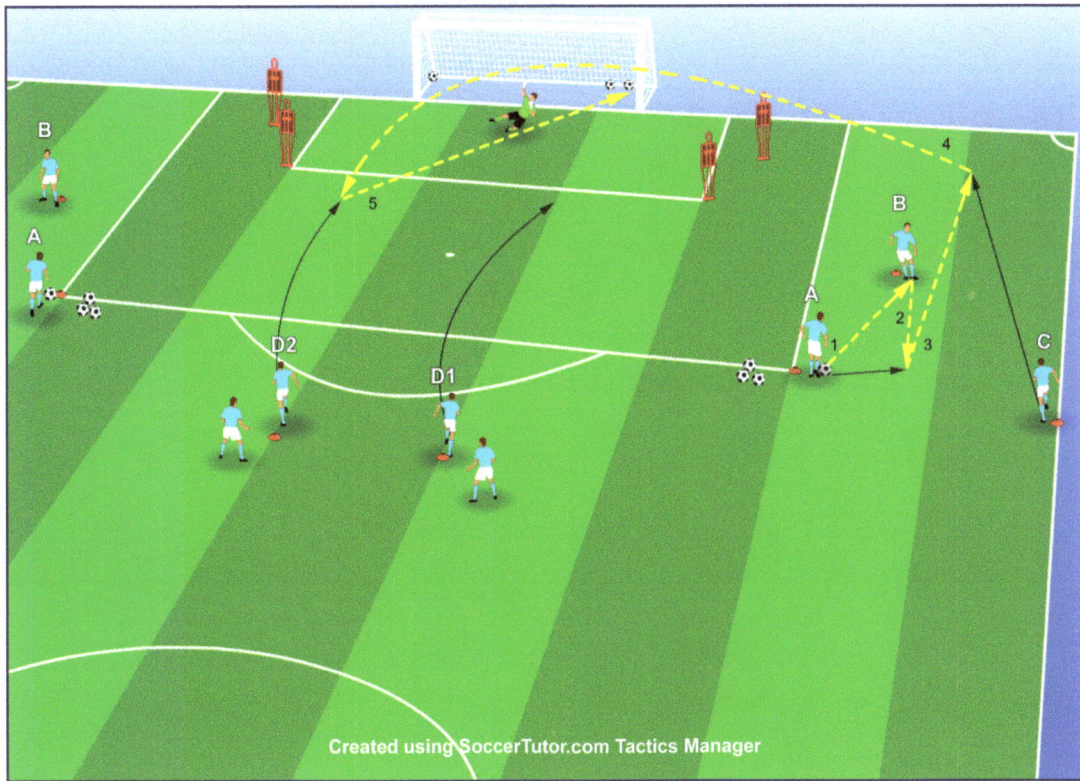

Упражнение выполняется с обеих сторон поля поочерёдно.

Описание

1. Игрок A пасует игроку B.
2. Игрок B возвращает мяч игроку A (комбинация стенка), который сместился вправо.
3. Игрок A пасует на ход игроку C, который бежит вперёд.
4. Игрок C подаёт в штрафную площадь, стараясь перебросить два манекена. Он может выполнить как высокую подачу, так и прострел низом (назад по диагонали).
5. Игроки D1 и D2 своевременно бегут в штрафную площадь, чтобы замкнуть подачу и забить.
6. Игроки должны доигрывать эпизод до конца: если вратарь отбивает первый удар, игроки должны сыграть на добивании.
7. Игроки A и B меняются местами. Затем упражнение повторяется на левом фланге.

Источник: тренировочное занятие Пепа Гвардиолы с «Манчестер Сити» на тренировочном поле «Этихад Кампус», Манчестер – 22 сентября 2017

Пеп Гвардиола: Атакующая комбинационная игра для создания моментов и завершения

14. Короткие передачи в центре, пас на фланг, «стенка», прострел назад по диагонали и завершение в упражнении 5 на 2

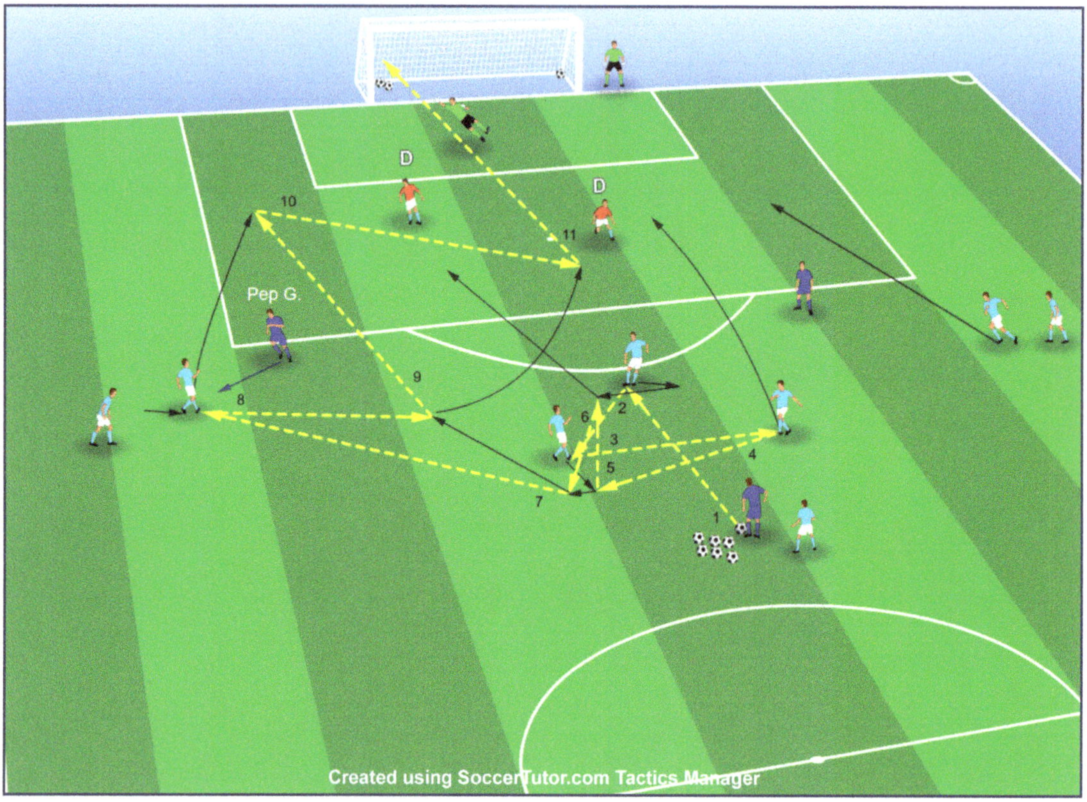

Описание

- Три синих игрока в центральной позиции за пределами штрафной и по одному активному игроку на флангах (возле углов штрафной площади) с каждой стороны. В штрафной также есть два красных защитника.

- Упражнение начинается с паса тренера, и 3 синих игрока обмениваются передачами между собой, выбирая подходящий момент, чтобы отправить мяч на фланг.

- После того, как они выполняют пас на край (влево или вправо), один игрок перемещается, чтобы поддержать флангового игрока и другие два игрока бегут в штрафную, как и второй фланговый игрок.

- Фланговый игрок подвергается давлению со стороны тренера (Пеп Гвардиола), поэтому он играет в стенку с поддерживающим игроком и получает мяч обратно на ход в штрафную площадь.

- С этого момента фланговый игрок должен подать или прострелить так, чтобы один из партнёров забил, а красные защитники не добрались до мяча.

- Игроки бегут назад, и упражнение возобновляется.

Источник: тренировочное занятие Пепа Гвардиолы с «Манчестер Сити» на тренировочном поле «Этихад Кампус», Манчестер – 22 ноября 2017

Атакующие комбинации в ситуации 3х2

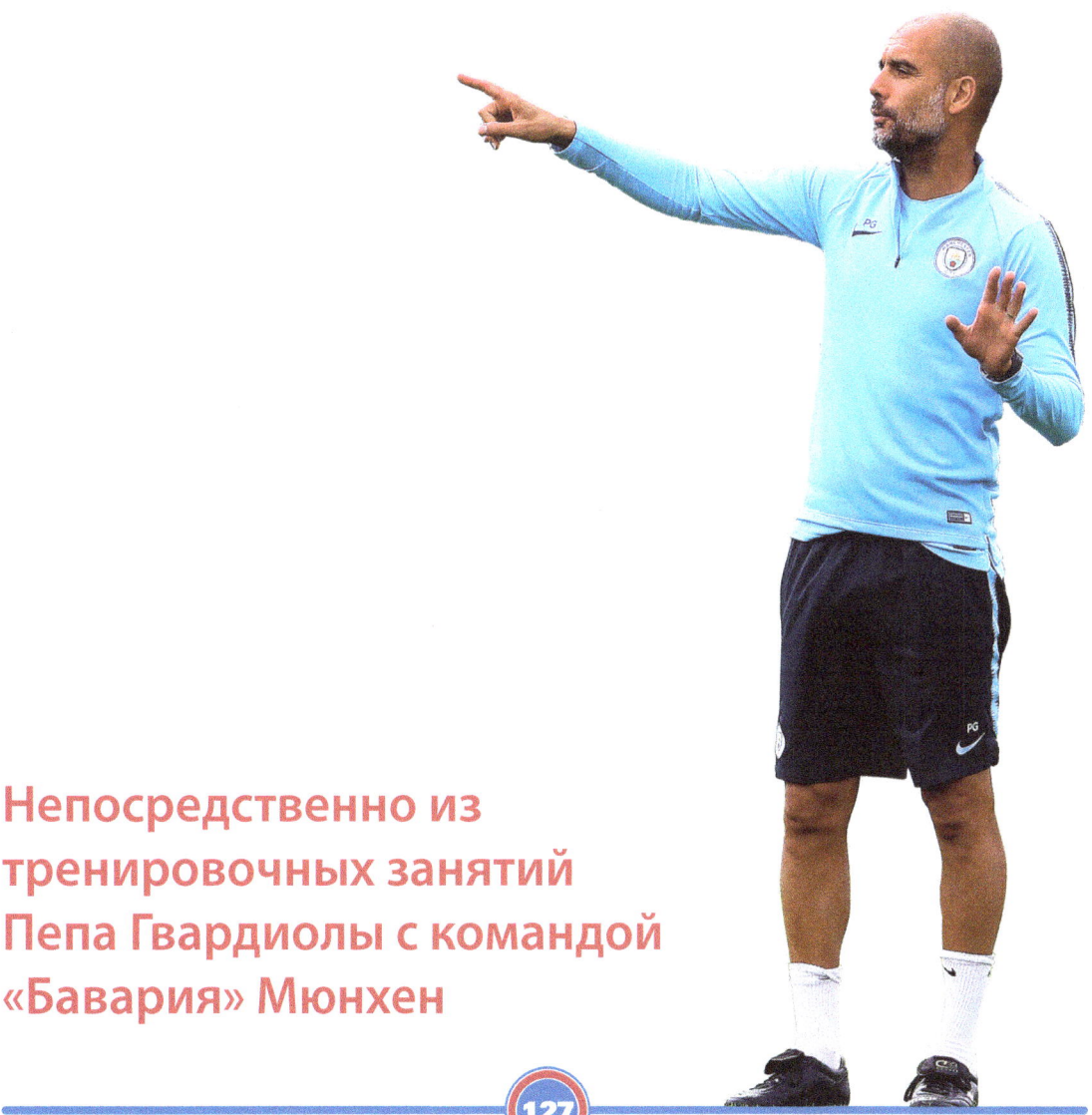

Непосредственно из тренировочных занятий Пепа Гвардиолы с командой «Бавария» Мюнхен

Пеп Гвардиола: Атакующая комбинационная игра в ситуации 3х2

1. Быстрые атаки в ситуации 3х2 (+ вратарь)

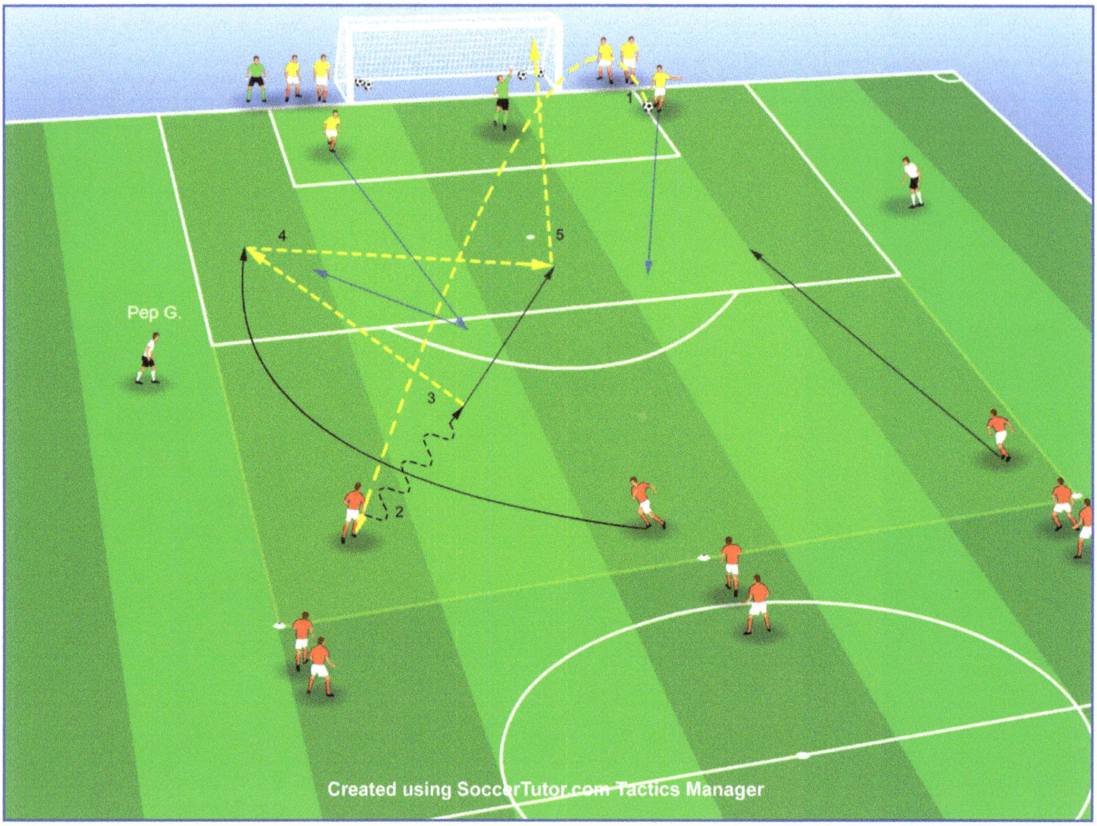

Описание

- Три красных игрока начинают с белых маркеров, а два желтых начинают с обеих сторон от ворот.
- Желтый игрок выполняет пас верхом любому из красных игроков.
- Красный игрок, который получает мяч, ведёт его вперед, чтобы начать атаку.
- Цель трех красных игроков - атаковать на скорости и забить как можно быстрее.
- Игрок, который получает мяч, должен вести мяч в центр, чтобы связать двух защитников, а два других атакующих занимают любую из сторон.
- Если фланговый игрок получает пас верхом, центральный игрок делает забегание.
- Первый вариант - игрок с мячом выполняет своевременный пас партнеру по команде, который бьёт по воротам.
- Второй вариант – стенка - игрок с мячом отдаёт пас партнёру, а тот делает обратный пас (назад по диагонали), как показано в примере диаграммы.

Источник: тренировочное занятие Пепа Гвардиолы с «Баварией» Мюнхен в Дохе, Катар – 7 января 2014

Пеп Гвардиола: Атакующая комбинационная игра в ситуации 3x2

2. Быстрые атаки в ситуации 3x2 (+ вратарь) с одним защитником, стартующим из боковой позиции

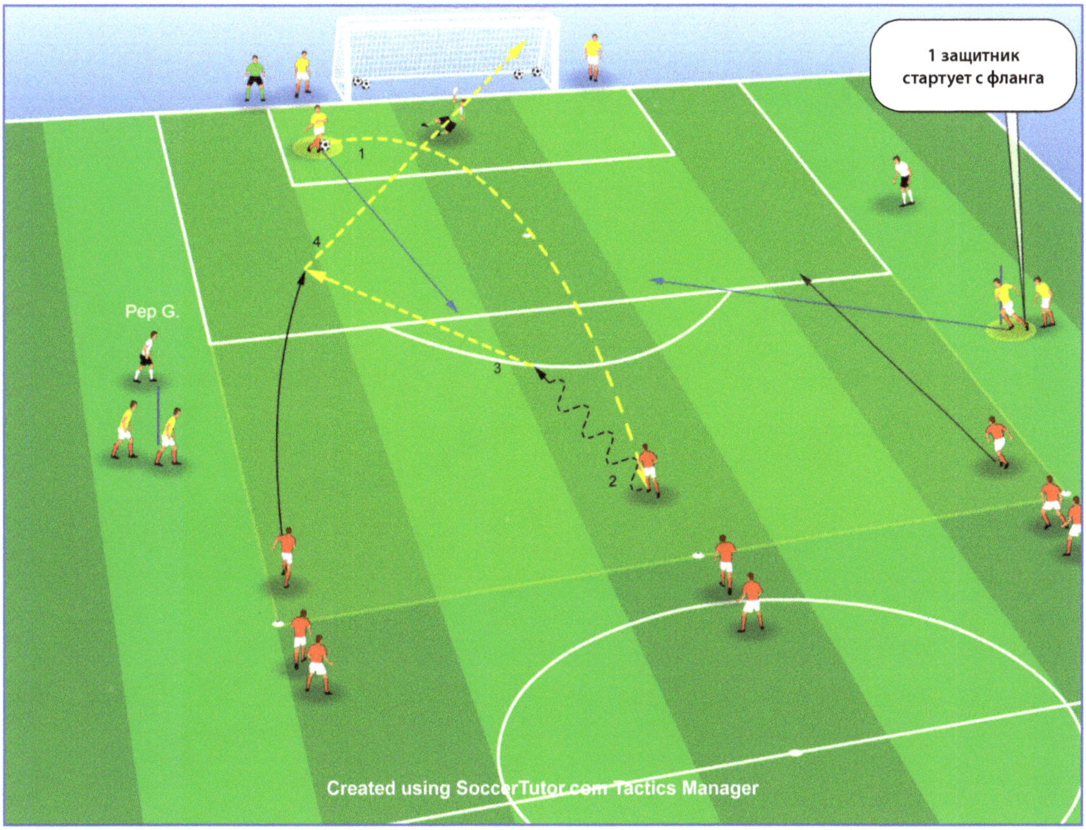

Описание

- Это вариант предыдущего упражнения.
- Теперь один из защитников начинает из боковой позиции, а не рядом с воротами.

- Красные игроки должны принимать во внимание позиции соперника и поэтому стремятся использовать пространство с противоположной стороны от второго защитника, как показано на примере с диаграммы.

Источник: тренировочное занятие Пепа Гвардиолы с «Баварией» Мюнхен в Дохе, Катар – 7 января 2014

Атакующие комбинации в круговой тренировке

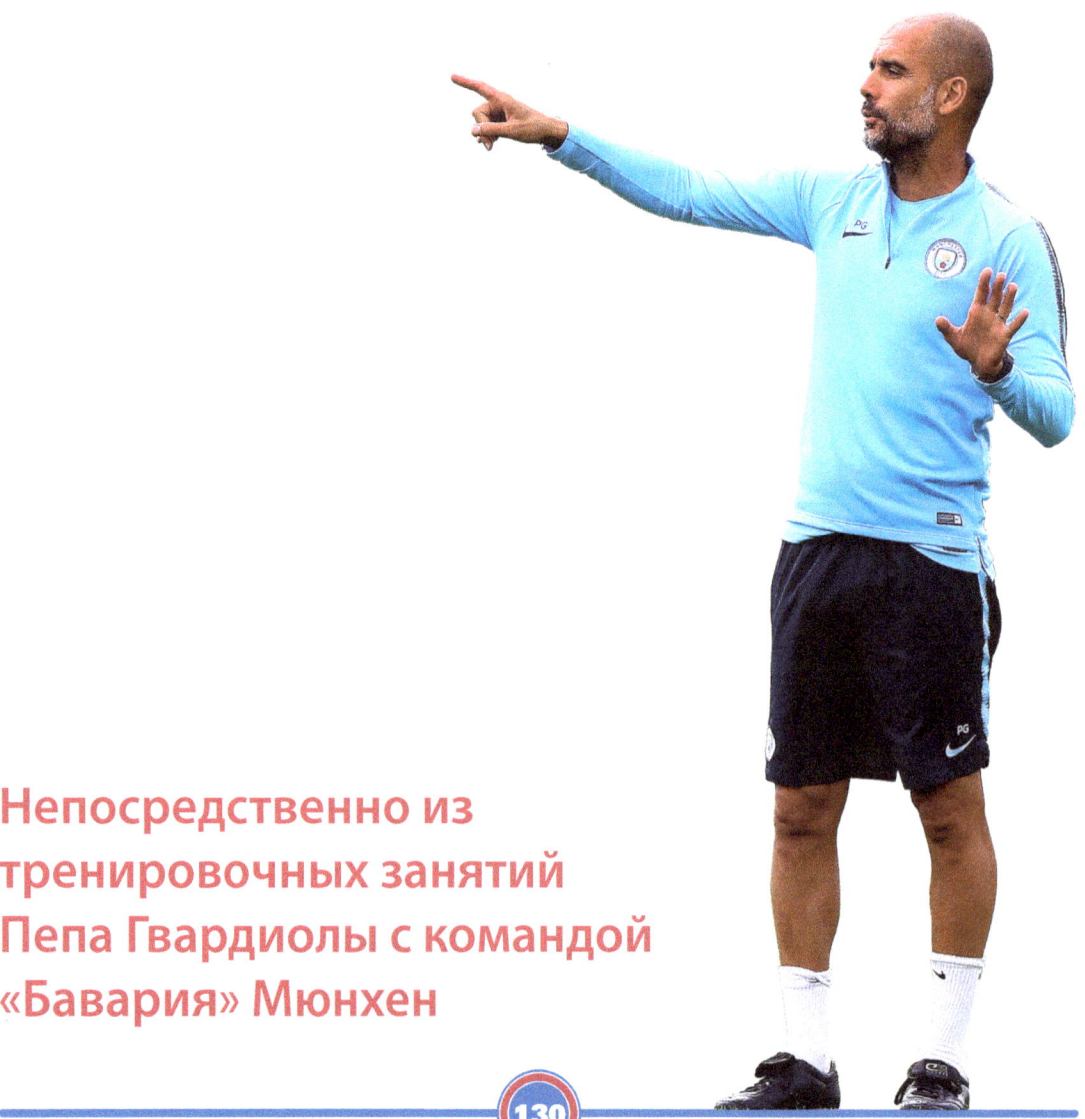

Непосредственно из тренировочных занятий Пепа Гвардиолы с командой «Бавария» Мюнхен

Пеп Гвардиола: Атакующая комбинационная игра в круговой тренировке

1. Круговая тренировка с комбинационной игрой, проникающим пасом, завершением и упражнениями для развития скорости

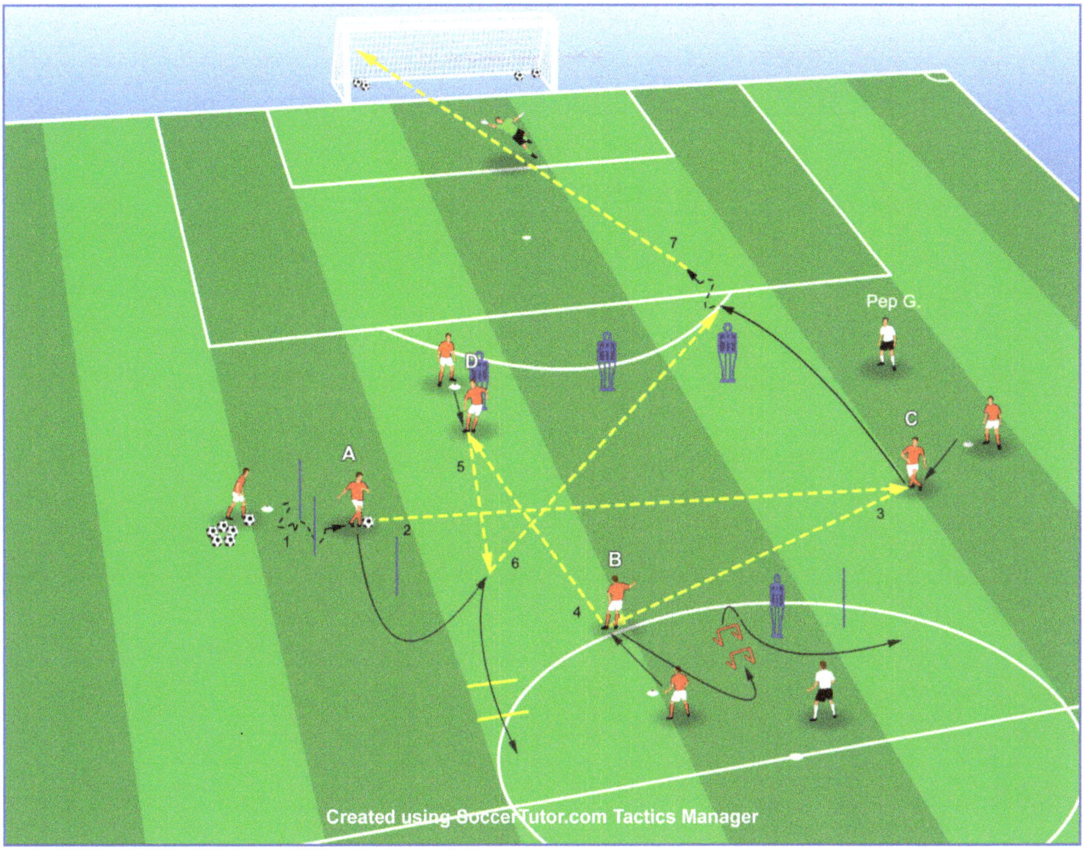

Описание

1. Игрок A ведет мяч между стоек.

2. Игрок A пасует игроку C. Затем он бежит вокруг ещё одной стойки.

3. Игрок C бросает свой конус (открывается) и пасует игроку B.

4. Игрок B бросает свой конус (открывается) и пасует игроку D. Затем он прыгает через 2 барьера и оббегает манекен и стойку.

5. Игрок D возвращает мяч игроку A.

6. Игрок A выполняет проникающий пас между манекенами на ход игроку C. Затем он прыгает через лежащие стойки.

7. Игрок C принимает мяч и наносит удар (2 касания).

8. Игроки меняют позиции:
A -> B -> C ->D ->A.

Источник: тренировочное занятие Пепа Гвардиолы с «Баварией» Мюнхен на тренировочном поле Зэбенер Штрассе, Мюнхен – 7 января 2016

Пеп Гвардиола: Атакующая комбинационная игра в круговой тренировке

2. Круговая тренировка с комбинационной игрой, диагональным пасом верхом, завершением и упражнениями для развития скорости

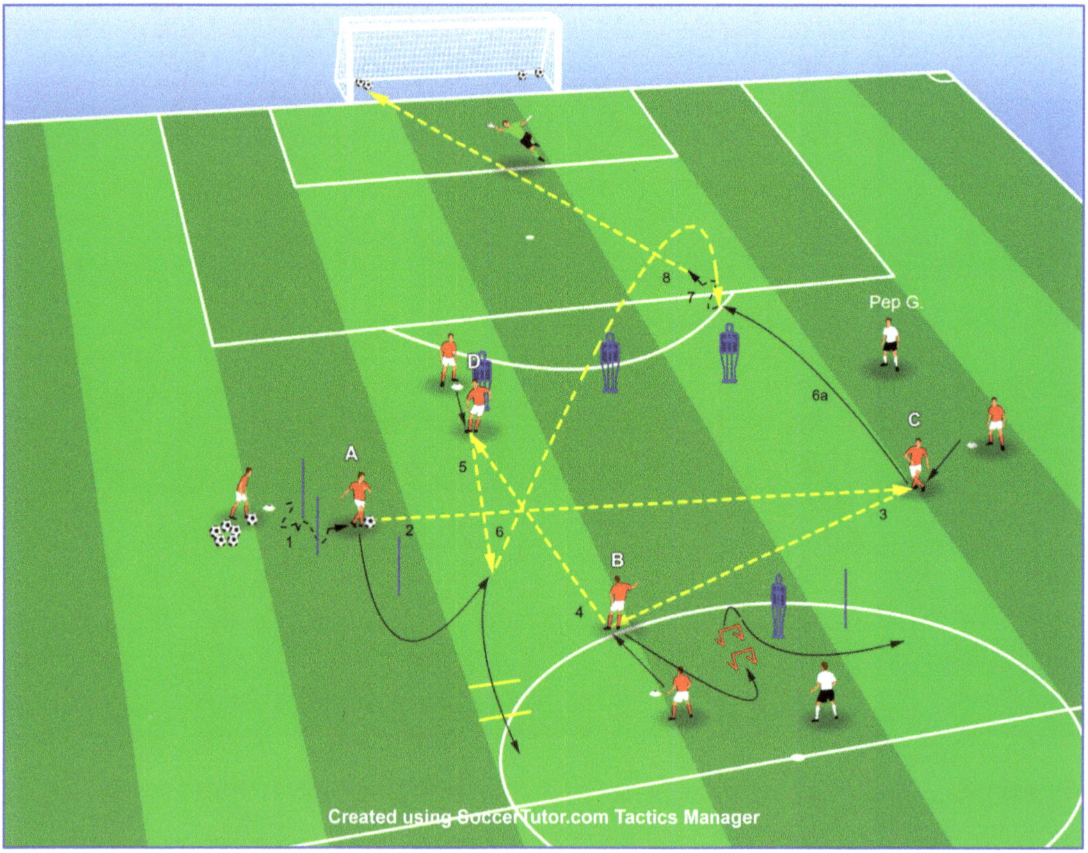

Описание

- Это вариант предыдущего упражнения с небольшим изменением.

- Игрок A теперь выполняет диагональный пас верхом за спину защитникам, на ход игроку C, который принимает мяч и наносит удар (2 касания).

Источник: тренировочное занятие Пепа Гвардиолы с «Баварией» Мюнхен на тренировочном поле Зэбенер Штрассе, Мюнхен – 7 января 2016

Пеп Гвардиола: Атакующая комбинационная игра в круговой тренировке

3. Круговая тренировка с комбинационной игрой, дриблингом в штрафную площадь, завершением и упражнениями для развития скорости

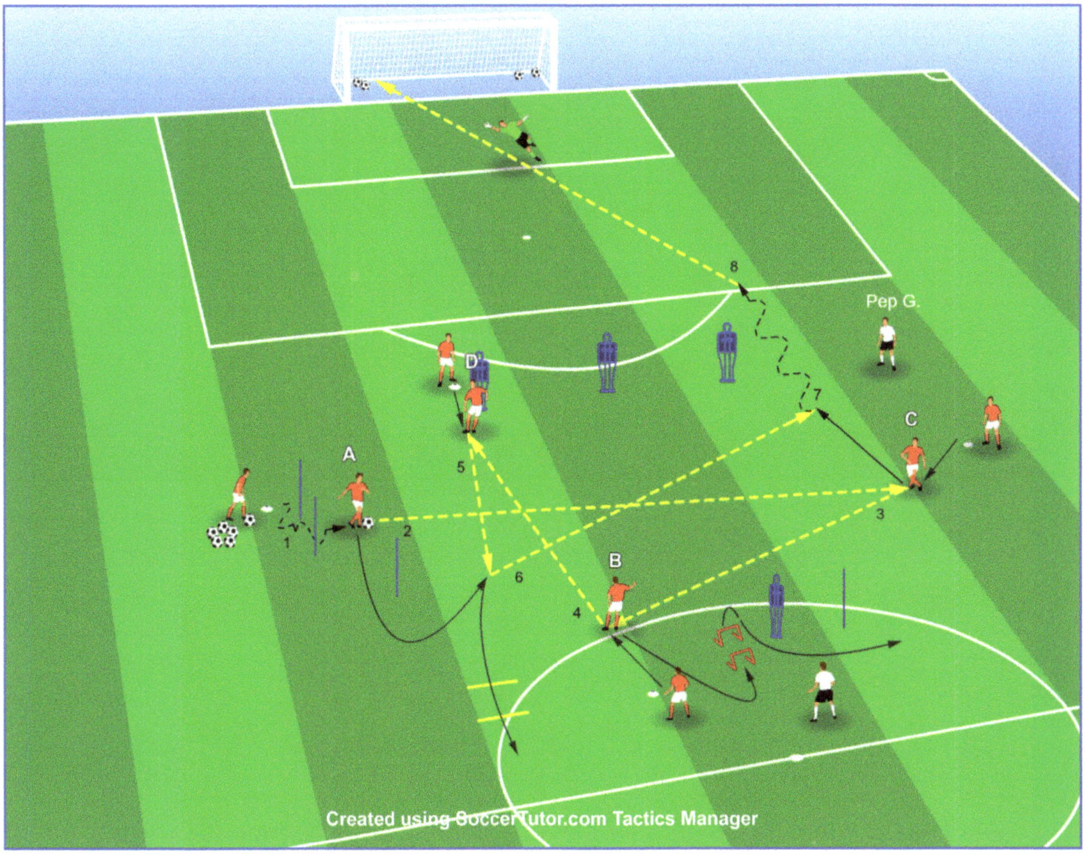

Описание

- Это второй вариант предыдущих упражнений, с небольшими изменениями.
- Игрок А не выполняет проникающий пас.
- Игрок А вместо этого пасует игроку С в зону перед манекенами - игрок С получает мяч, ведёт его мимо манекена и затем наносит удар, стараясь забить.

Источник: тренировочное занятие Пепа Гвардиолы с «Баварией» Мюнхен на тренировочном поле Зэбенер Штрассе, Мюнхен – 7 января 2016

Пеп Гвардиола: Атакующая комбинационная игра в круговой тренировке

4. Круговая тренировка с передачами, упражнениями для развития скорости, дриблингом и завершением.

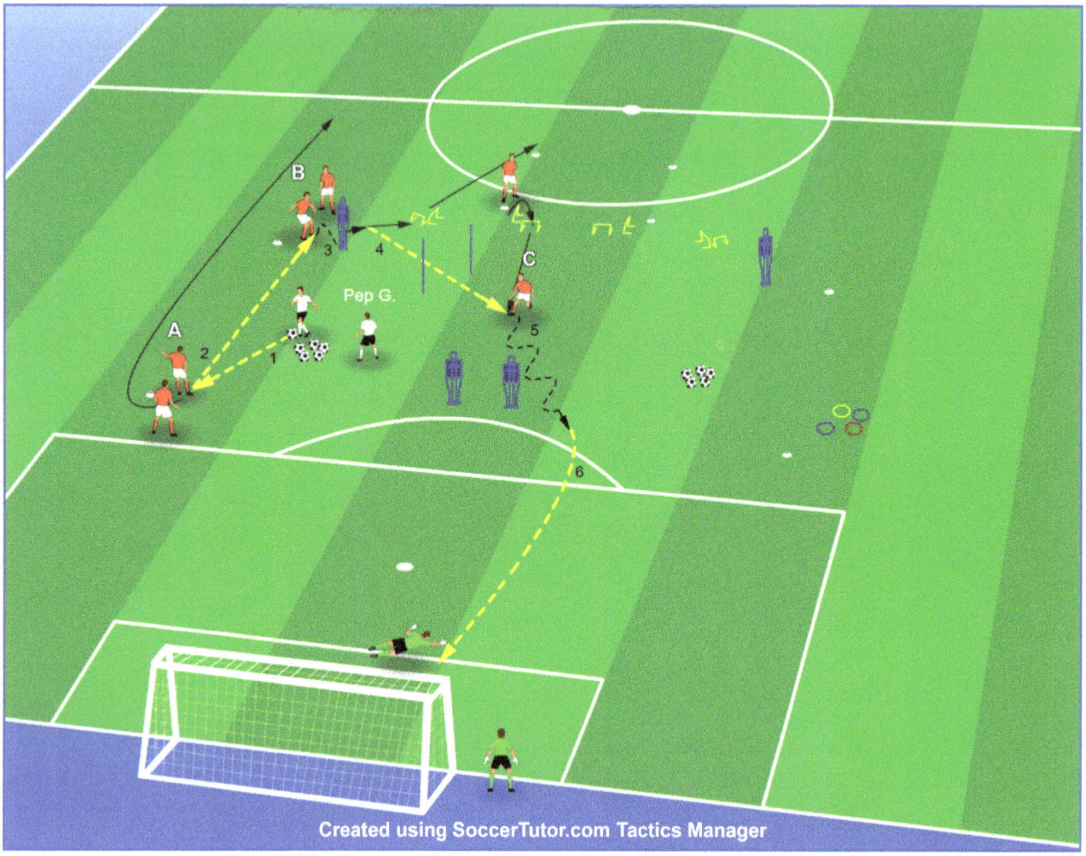

Описание

1. Тренер пасует игроку A.

2. Игрок A выполняет пас назад игроку B.

3. Игрок B получает мяч в пол-оборота и убирает мяч в сторону от манекена.

4. Игрок B пасует между стойками игроку C, который перепрыгнул 2 барьера и двигается вперед, чтобы получить мяч.

5. Игрок C ведёт мяч мимо манекена (имитируя ситуацию 1 на 1 против защитника).

6. Игрок C бьет по воротам.

7. Игроки меняют позиции (A -> B -> C -> A).

Источник: тренировочное занятие Пепа Гвардиолы с «Баварией» Мюнхен на тренировочном поле Зэбенер Штрассе, Мюнхен – 7 января 2016

Атакующие комбинации в упражнениях для развития физических качеств

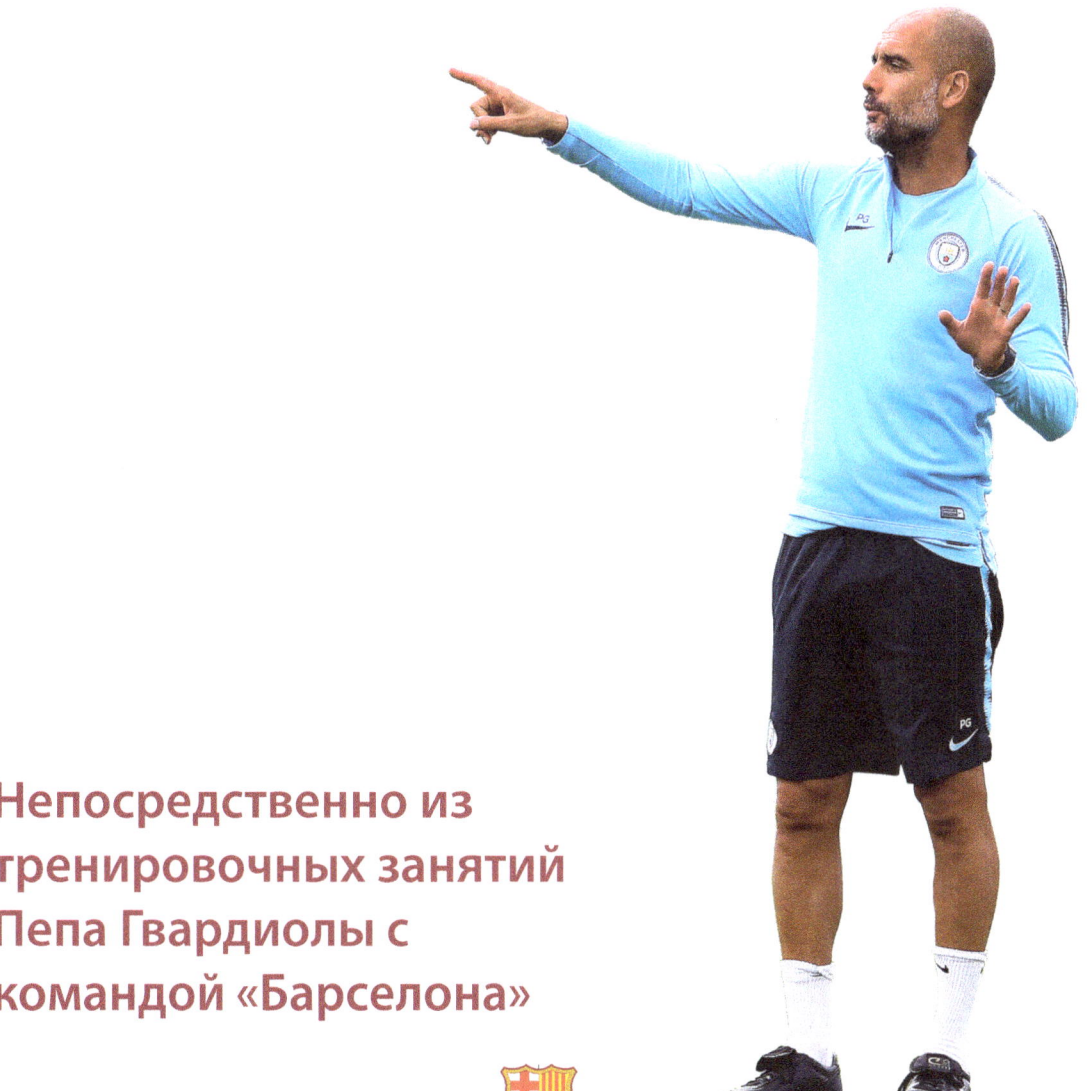

Непосредственно из тренировочных занятий Пепа Гвардиолы с командой «Барселона»

Пеп Гвардиола: Атакующая комбинационная игра с силовыми и скоростными упражнениями

1. Передачи, дриблинг и удары в круговой разминке

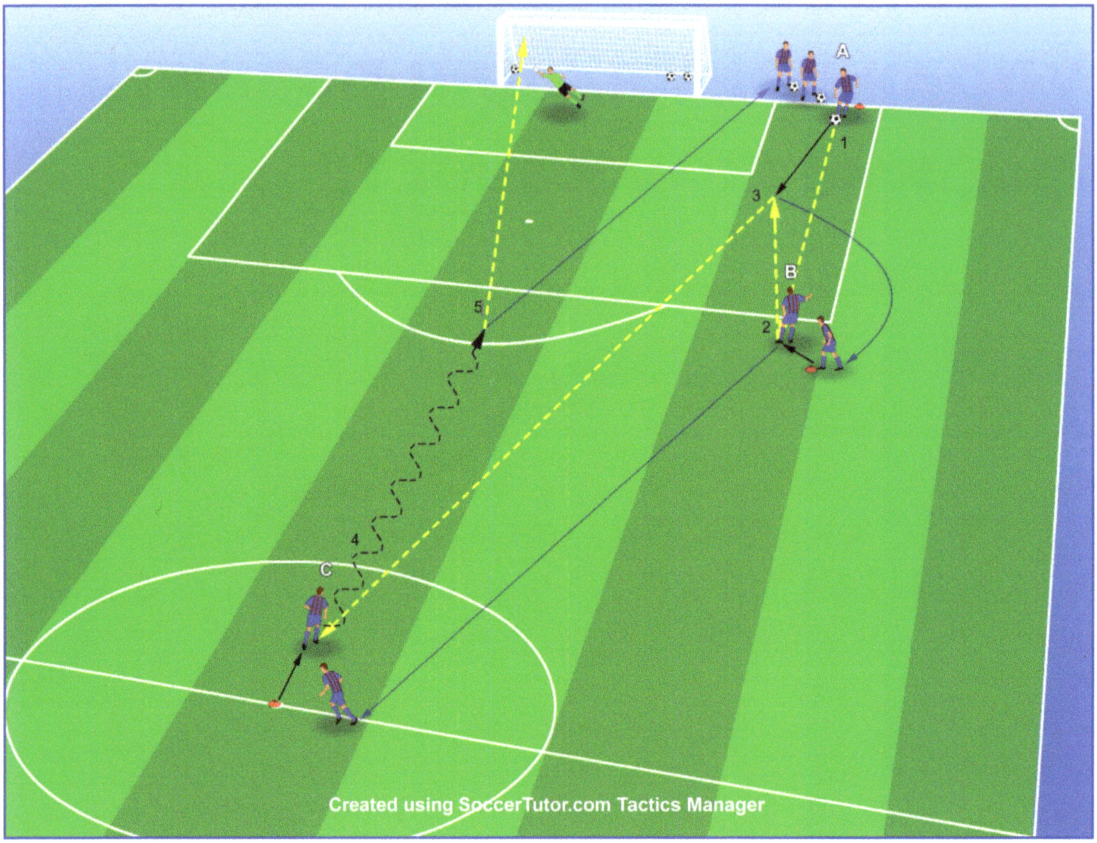

У игроков есть 3 минуты для активации и 3 минуты на растяжку перед выполнением 3 повторов этой разминки.

Описание

1. Игрок A пасует игроку B.
2. Игрок A двигается вперед, чтобы получить обратный пас от игрока B (комбинация стенка).
3. Игрок A выполняет длинную передачу игроку C.
4. Игрок C отбегает от конуса, принимает мяч и ведет его к воротам.
5. Игрок C наносит удар из-за пределов штрафной.
6. Игроки меняют позиции (A -> B -> C -> A), и упражнение продолжается.

Источник: тренировочное занятие Пепа Гвардиолы в Барселоне (2007-08)

Пеп Гвардиола: Атакующая комбинационная игра с силовыми и скоростными упражнениями

2. Комбинационная игра в пас с «двойной стенкой» и ударами в круговой разминке

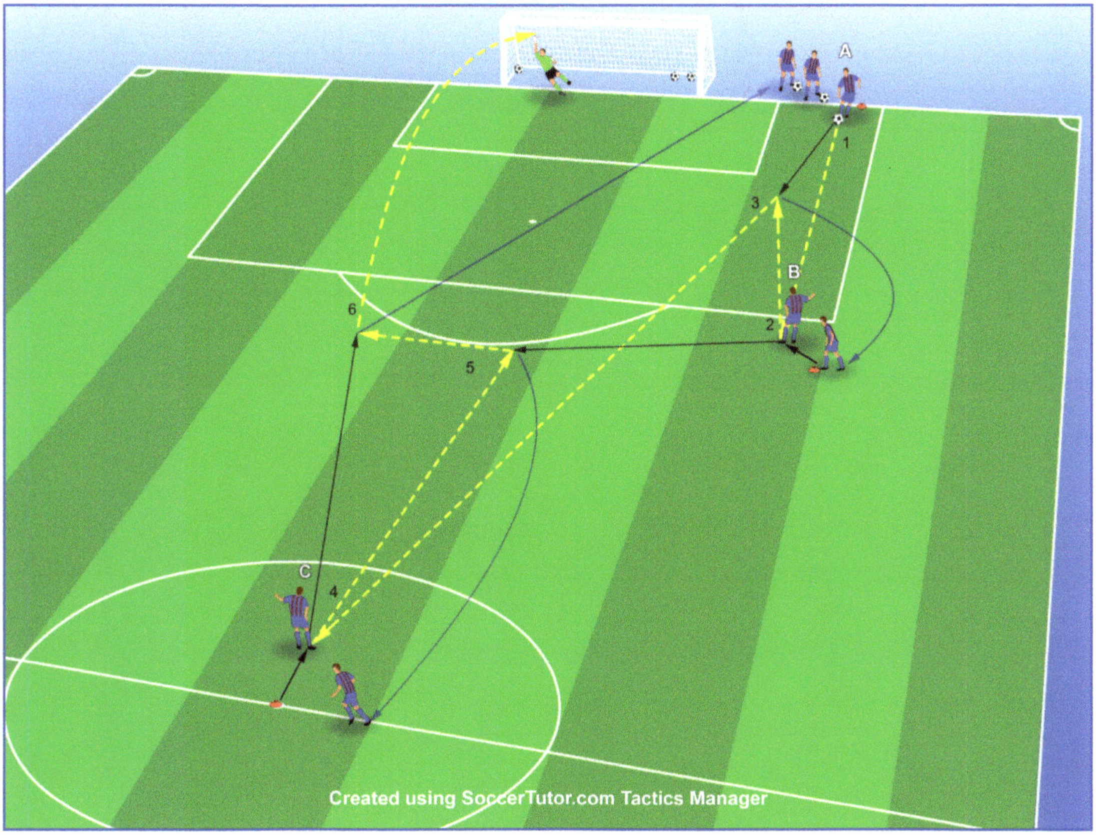

Игроки выполняют 3 повторения этого варианта разминки, показанной на предыдущей странице.

Описание

1. Игрок A пасует игроку B.
2. Игрок A двигается вперед, чтобы получить ответный пас от игрока B (комбинация стенка).
3. Игрок A выполняет длинную передачу игроку C.
4. Игрок C отбегает от конуса, чтобы получить длинную передачу и пасует игроку B, который сместился поперёк поля. Затем игрок C бежит в направлении ворот.
5. Игрок B передает мяч игроку C на ход.
6. Игрок C наносит удар из-за пределов штрафной.
7. Игроки меняют позиции (A -> B -> C -> A), и упражнение продолжается.

Источник: тренировочное занятие Пепа Гвардиолы в Барселоне (2007-08)

3. «Двойная стенка», подача и завершение в упражнении для развития скорости

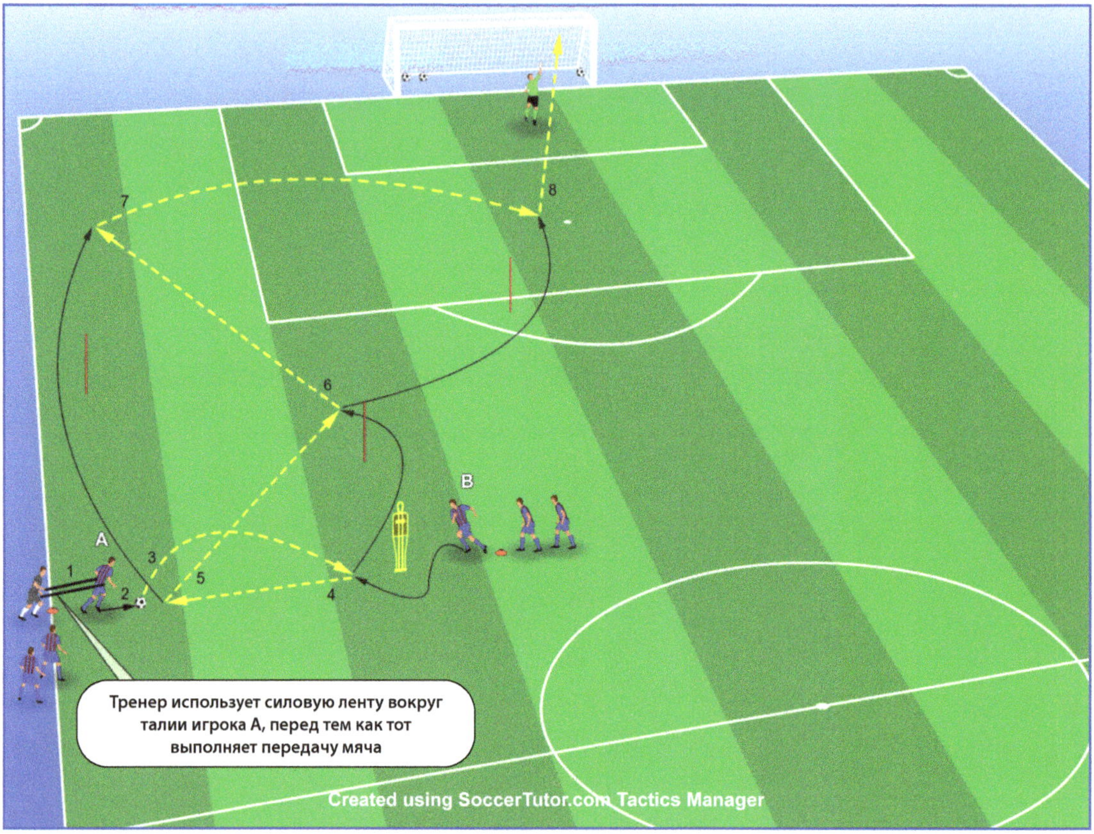

Тренер использует силовую ленту вокруг талии игрока А, перед тем как тот выполняет передачу мяча

Игроки выполняют 3 повторения с каждой стороны поля с 3-4-минутным отдыхом между ними.

Описание

1. Тренер удерживает игрока А силовой лентой вокруг его талии.
2. Игрок А двигается навстречу мячу.
3. Игрок А делает пас верхом игроку В.
4. Игрок В выбегает из-за манекена, чтобы получить мяч перед ним и делает обратный пас игроку А (комбинация стенка).
5. Игрок А пасует на ход игроку В, который бежит вокруг стойки, чтобы получить мяч.
6. Игрок В выполняет передачу в направлении углового флага на ход игроку А, который бежит по флангу по дуге за стойкой.
7. Игрок А выполняет подачу в штрафную площадь.
8. Игрок В бежит по дуге вокруг стойки в штрафную площадь и пытается замкнуть подачу.

Источник: тренировочное занятие Пепа Гвардиолы в Барселоне (2007-08)

4. Комбинация «длинная стенка», подача и завершение в упражнении для развития скорости и физических кондиций

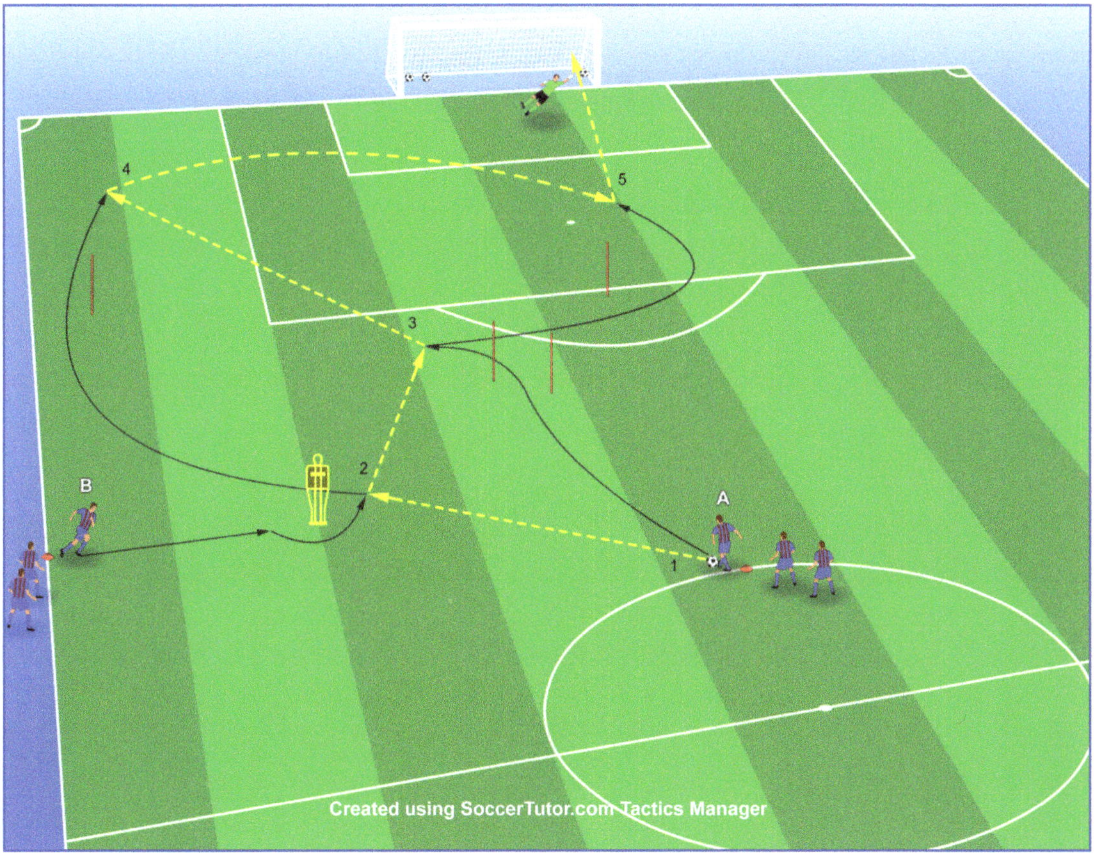

Игроки выполняют первую серию за 12 минут и вторую серию за 10 минут с перерывом 2 минуты.

Описание

1. Игрок A пасует игроку B, который бежит внутрь от боковой линии и получает мяч перед манекеном.
2. Игрок B выполняет своевременный пас вперед слева от стоек, между которыми бежит игрок A, чтобы получить мяч.
3. Игрок A выполняет передачу в направлении углового флага, на ход игроку B, который бежит по флангу по дуге за стойкой.
4. Игрок B выполняет подачу в штрафную площадь.
5. Игрок A бежит по дуге вокруг стойки в штрафную площади пытается замкнуть подачу.

Источник: тренировочное занятие Пепа Гвардиолы в Барселоне (2007-08)

Пеп Гвардиола: Атакующая комбинационная игра с силовыми и скоростными упражнениями

5. Приём мяча в углу поля, подача и своевременное открывание в штрафную площадь в упражнении для развития скоростной выносливости

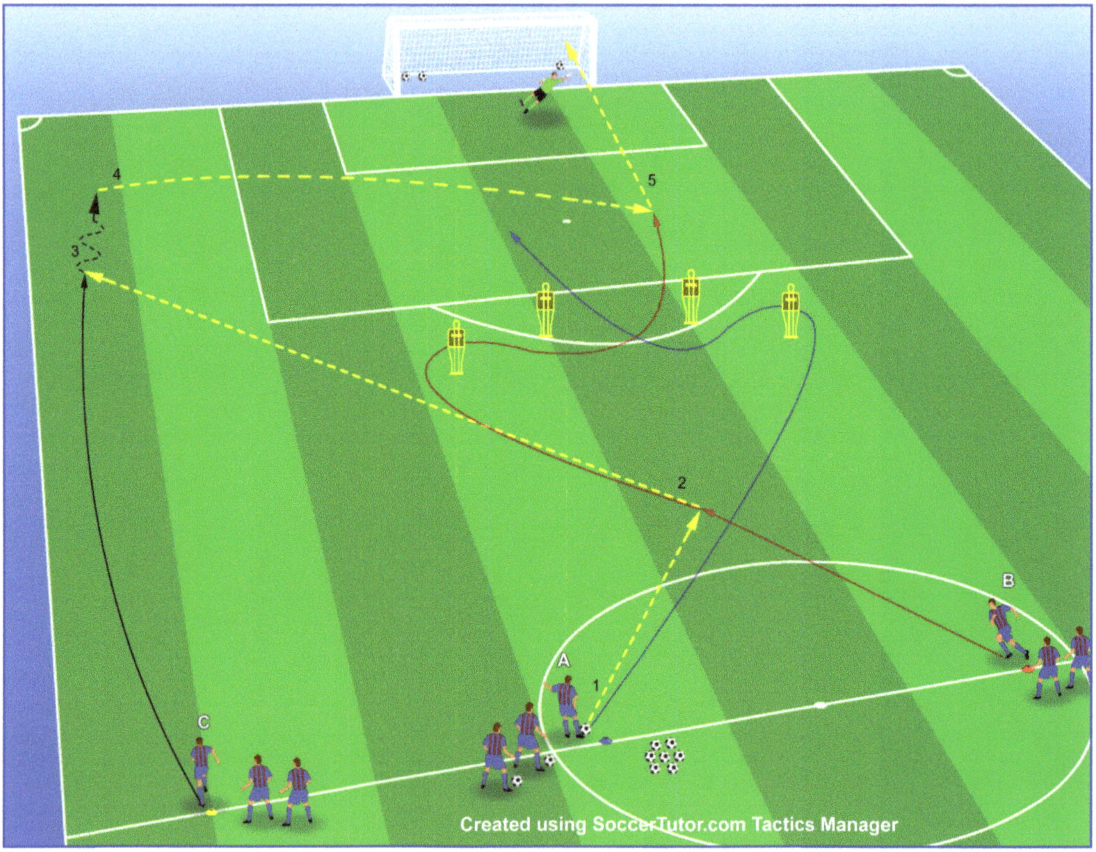

Игроки выполняют 3 повторения на каждом фланге.

Описание

1. Игрок A выполняет диагональную передачу в центр на ход игроку B.
2. Игрок B выполняет длинную диагональную передачу к угловому флагу на ход игроку C.
3. Игрок C получает мяч и ведёт его вперёд.
4. Игрок C выполняет подачу для набегающих партнёров по команде (A и B).
5. Игроки A и B бегут между манекенами в штрафную площадь (как показано на рисунке), чтобы попытаться замкнуть подачу.
6. Игроки меняют позиции (A -> B -> C -> A), и упражнение продолжается.
7. После трёх повторений каждой тройки, выполнить упражнение с игроком C, расположенным на правом фланге.

Источник: тренировочное занятие Пепа Гвардиолы в Барселоне (2007-08)

Пеп Гвардиола: Атакующая комбинационная игра с силовыми и скоростными упражнениями

6. Быстрая комбинационная игра со скидкой, забеганием, подачей и завершением

Игроки выполняют по 3 повторения на каждом фланге, с перерывом в 5 минут.

Описание

1. Игрок А пасует на ход игроку В.
2. Игрок В бежит между стойками, чтобы получить мяч и передать его игроку С.
3. Игрок С выполняет ложное открывание в направлении ворот, а затем бежит к мячу, чтобы сделать скидку игроку А.
4. Игрок А выполняет передачу в направлении углового флага на ход игроку В (который бежит по флангу за манекеном).
5. Игрок В выполняет подачу на игрока С, который бежит по дуге вокруг манекена в штрафную площадь.
6. Игрок С пытается замкнуть подачу.
7. Игроки меняют позиции (A -> B -> C -> A), и упражнение продолжается.

Источник: тренировочное занятие Пепа Гвардиолы в Барселоне (2007-08)

7. Комбинационные действия, подачи и завершение в упражнении для развития скорости и физических кондиций

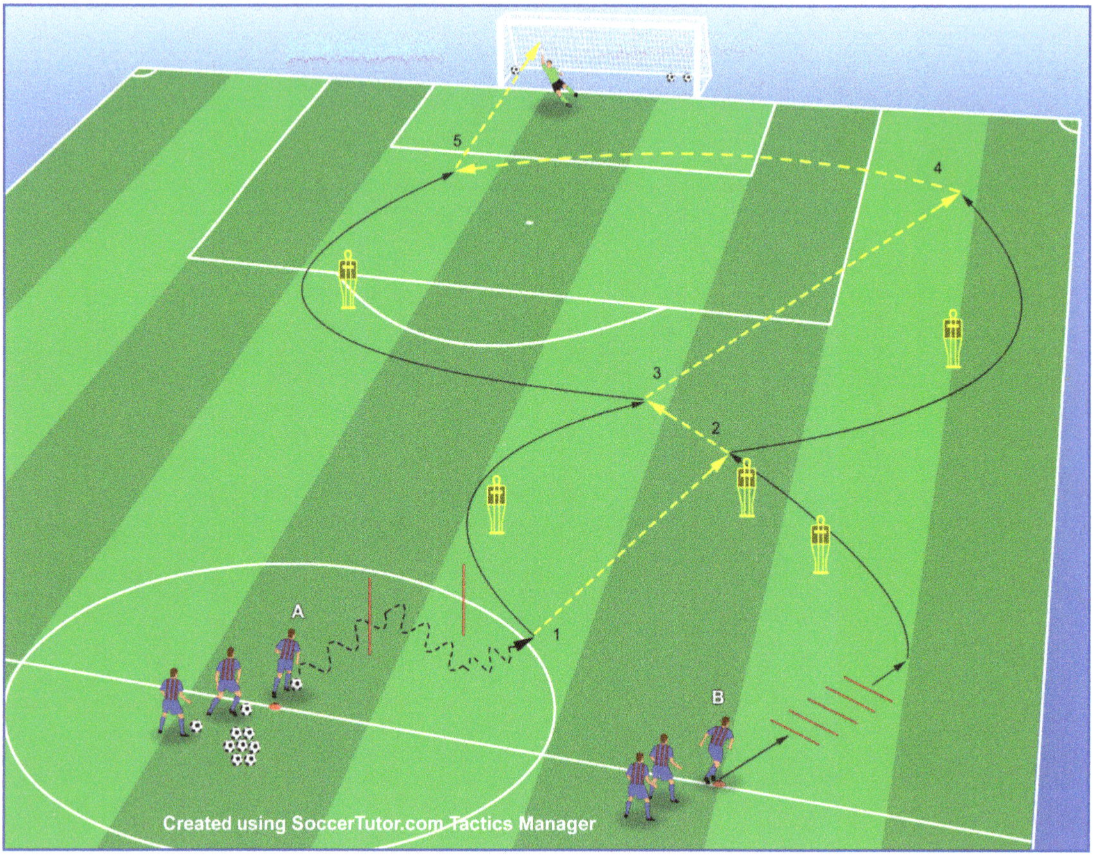

Игроки выполняют первую серию из 3 повторений и вторую серию из 4 повторений с перерывом в 4 минуты.

Описание

1. Игрок А ведёт мяч между стоек, а затем пасует в зону перед двумя манекенами справа от него. Игрок В получает пас на ходу после прыжков через лежащие стойки и быстрого бега за манекенами.

2. Игрок В выполняет обратный короткий пас игроку А, который получает мяч после бега по дуге за манекеном.

3. Игрок А выполняет передачу в направлении углового флага на ход игроку В, который бежит вперёд по флангу по дуге за манекеном, чтобы получить мяч в углу поля.

4. Игрок В выполняет подачу в штрафную площадь, куда своевременно бежит по дуге вокруг манекена игрок А.

5. Игрок А пытается забить в одно касание.

Источник: тренировочное занятие Пепа Гвардиолы в Барселоне (2007-08)

8. Комбинация «стенка», забегание, подача и своевременное открывание в штрафную площадь в упражнении для развития скоростной выносливости

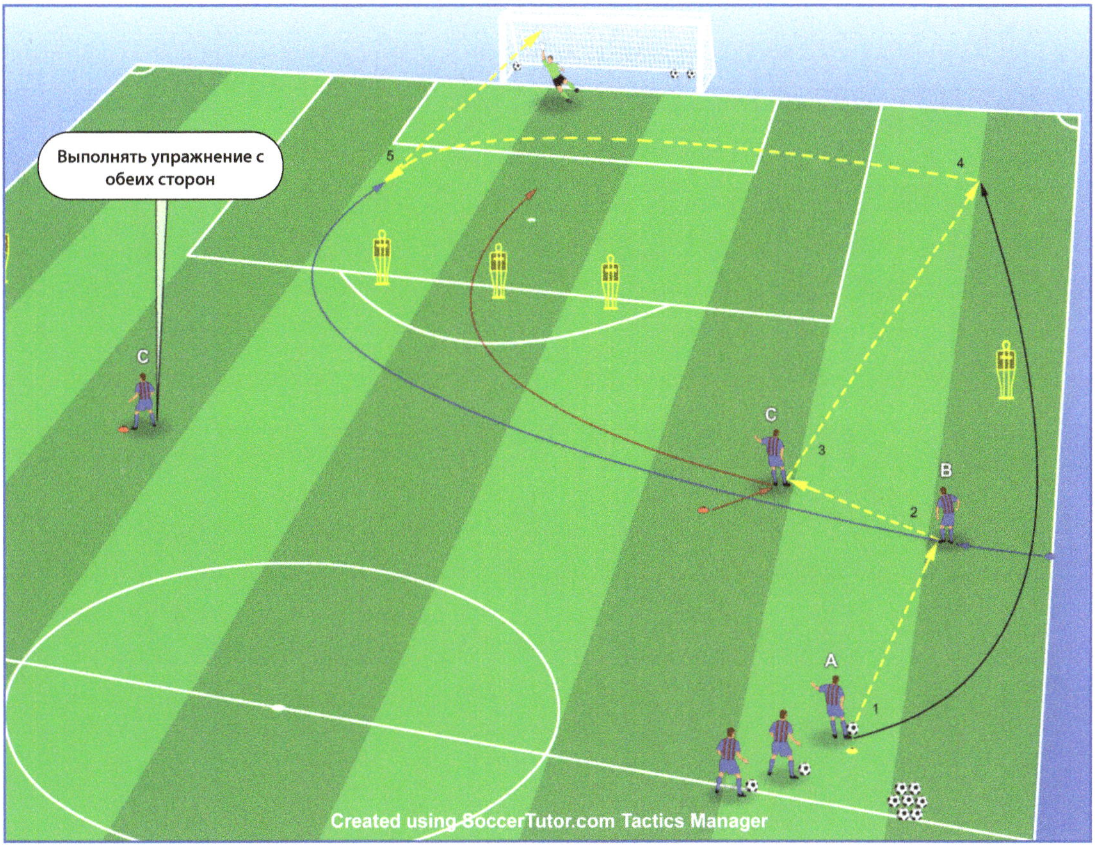

Выполнять упражнение с обеих сторон

Игроки выполняют по 3 повторения на каждом фланге, с перерывом в 3–4 минуты.

Описание

1. Игрок A пасует вперёд игроку B, который бежит внутрь от боковой линии, чтобы получить мяч.
2. Игрок B пасует игроку C, который отбегает от конуса для получения мяча.
3. Игрок C выполняет передачу в направлении углового флага на ход игроку A, который бежит по флангу по дуге за манекеном.
4. Игрок A выполняет подачу в штрафную площадь для набегающих партнёров по команде (B и C), которые оба бегут вокруг манекенов на дальнюю штангу и в центр штрафной площади соответственно.
5. Игроки B и C пытаются забить в одно касание.
6. Игроки меняют позиции (A -> B -> C -> A)
7. Повторите упражнение на другом фланге.

Источник: тренировочное занятие Пепа Гвардиолы в Барселоне (2007-08)

БЕСПЛАТНАЯ ПРОБНАЯ ВЕРСИЯ

обучение футболу с 2001 года

ТАКТИЧЕСКИЙ МЕНЕДЖЕР

Создавайте свои собственные упражнения, тактику и план занятий

www.SoccerTutor.com/TacticsManager
info@soccertutor.com

 PC   Mac   iPad   Tablet   Web

обучение футболу с 2001 года

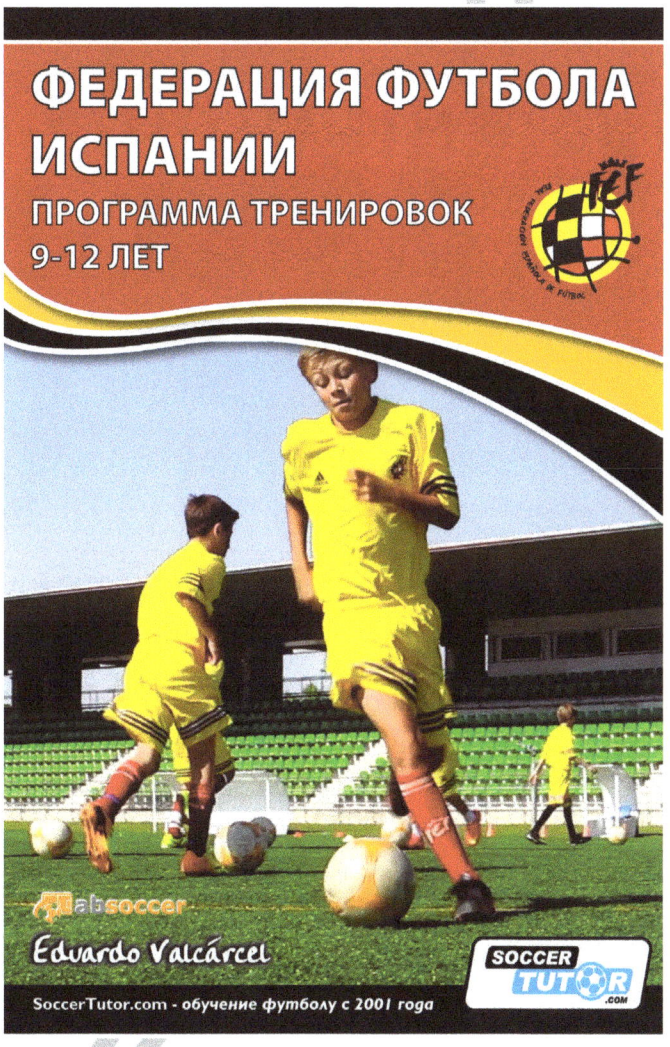

Доступно в полноцветной печати и в виде электронной книги!
ПК | Mac | Iphone | Ipad | телефон Android/планшет | Kobo | Kindle Fire

www.SoccerTutor.com
info@soccertutor.com

обучение футболу с 2001 года

Доступно в полноцветной печати и в виде электронной книги!

ПК | Mac | Iphone | Ipad | телефон Android/планшет | Kobo | Kindle Fire

www.SoccerTutor.com
info@soccertutor.com

обучение футболу с 2001 года

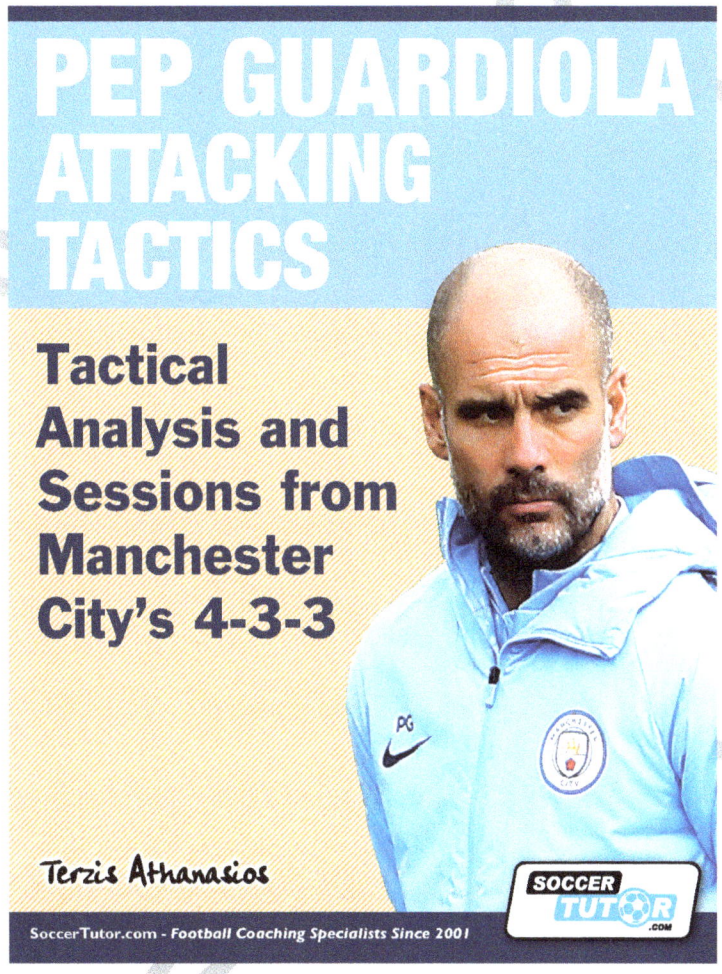

Доступно в полноцветной печати и в виде электронной книги!
ПК | Mac | Iphone | Ipad | телефон Android/планшет | Kobo | Kindle Fire

www.SoccerTutor.com
info@soccertutor.com

www.ingramcontent.com/pod-product-compliance
Lightning Source LLC
Chambersburg PA
CBHW041246240426
43669CB00025B/2984